有錢人默默
教給孩子的
職場競爭力

THE PHILOSOPHY
OF SUCCESS

李天龍——著

擁有富人腦，
輕鬆致富不求人！

U0070320

親子雲 06

出 版 者／雲國際出版社
作　　者／李天龍
總 編 輯／張朝雄
封面設計／黃聖文
排版美編／YangChwen
文字補充／李佩霖、徐旻蔚、黃嘉慧
出版年度／2014年10月

有錢人默默
教給孩子的
職場競爭力

郵撥帳號／50017206 采舍國際有限公司
　　　（郵撥購買，請另付一成郵資）
台灣出版中心
地址／新北市中和區中山路2段366巷10號10樓
北京出版中心
地址／北京市大興區棗園北首邑上城40號樓2單
　　　元709室
電話／（02）2248-7896
傳真／（02）2248-7758

全球華文市場總代理／采舍國際
地址／新北市中和區中山路2段366巷10號3樓
電話／（02）8245-8786
傳真／（02）8245-8718

全系列書系特約展示／新絲路網路書店
地址／新北市中和區中山路2段366巷10號10樓
電話／（02）8245-9896
網址／www.silkbook.com

有錢人默默教給孩子的職場競爭力 /
李天龍著. -- 初版. -- 新北市：雲國際,
2014.09　　　面；　公分

ISBN 978-986-271-526-0(平裝)

1.親職教育 2.子女教育

528.2　　　　　103013815

哲人無憂，智者常樂。並不是因為所愛的一切他都擁有了，而是所擁有的一切他都愛。

Foreword 前言

　　說到『省錢』，辦法可說是五花八門，拿這個問題去問任何人，相信隨隨便便五六個招數都不是問題，可是在這其中，能夠真正去執行、甚至堅持到底的人卻是少數。

　　對於全職的家庭主婦而言，在時間的運用上比較彈性，但是就職場婦女的立場，除了要能省錢以外，還要兼顧省時的效率，才具有執行的動力。所以除了實際折扣以外，還要考量時間價值，才能夠算得上是真的省錢。

　　雖說省錢是積少成多，但是若成效不及物價的漲幅，恐怕會因此而使人放棄。所以，運用輔助工具來放大其報酬率，也是一門很重要的功課。

　　試想，如果自己每天都很努力地省吃儉用，和上月正常生活的收支相比卻是持平，雖然這個月是因為物價齊漲的關係，但是若沒有看到實際的起色，就會產生白費工夫的負面想法。

我認為省錢跟減肥一樣，都是必須堅持一輩子的事，若是一個放棄，那麼不只是前工盡棄，後來的放縱就更是使人邁向萬劫不復的深淵裡，若要重頭來過，就得花上更大的努力才行，這是需要有相當大的意志力撐著，才有可能成功。

　　可是，省錢真的需要這麼辛苦嗎？

　　作者將以親身經歷，推薦各位幾項簡易的省錢法，或許大多數的辦法耳熟能詳，但是真正執行以後會出現什麼困難？是否有更輕鬆容易的秘訣？都是這本書要分享給各位的經驗，希望看完本書後，人家也能夠從中選擇幾項適合自己的省錢法開始努力，一起度過這波拮据的景氣。

*C*ontents 目錄

*C*ontents 目錄

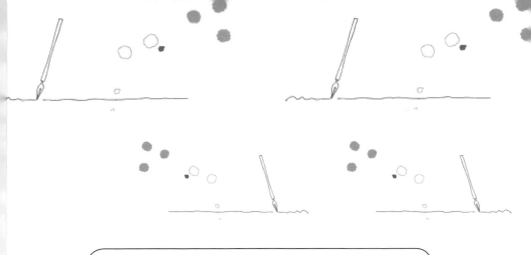

第一章
如何從日常生活中省錢

我認為省錢跟減肥一樣，都是必須堅持一輩子的事，若是一個放棄，那麼不只是前工盡棄，後來的放縱就更是使人邁向萬劫不復的深淵裡。

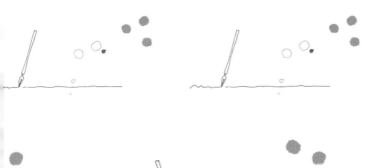

節省生活開銷的
第一步『貨比三家』

『貨比三家』是省錢的基本觀念，但是在顧及實質金額的同時，也別忘記將時間價值計算進去。

在進入正文之前，先讓我們看看以下的案例：

吳太太為了要購買拜拜要用的供品，出門來到附近的賣場，為了以最便宜的價格購物，她花了一個半小時的時間到兩、三家商店比價，最後共賺取差額折扣95元。

表面上看來，吳太太的確是賺到了商品差價，但是若計算時間價值，以現在政府規定的工時時薪115元計算，115＊1.5＝172.5元，減去商品差價的95元，很明顯的吳太太實質上是損失了172－95＝77.5元的價值。

你也有犯過像吳太太這樣的錯誤嗎？

時間就是金錢。因為時間的價值時無法計算的，所以就相同的工作時間能夠賺取的金額來換算，如果花費了很多時間，卻無法賺取到同等的價值，從另一個方面來看反而是損失。

我之前其實很不認同『貨比三家』的省錢法，甚至覺得這是件費時費工又省不了多少錢的麻煩事，撇去便利商店和雜貨店的特例不論，同樣一件商品在各家店的標價幾乎是大同小異，為了幾個銅板而大費周章地跑了好多家商店比價，當中所花費的時間換算下來，就非常地不划算。

推翻這個想法的契機，是在某次的購物中，不經意地逛進了一家從未光臨過的美妝店，當時那家商店正在舉辦優惠活動，而其中的一項優惠商品正是我前不久才剛買的。

買一送一的折扣算起來足足便宜了大半差價，這是我第一次買貴了這麼多金額，也是我第一次陷入買貴的懊悔當中，因為那次的經驗，讓我重新正視了『比價』的重要性。

相信讀者們在相關書籍以及看過不少『比價』的觀念，因為『貨比三家』是省錢的基本概念，可相對地要花費不少時間，這對忙碌的現代人來說是個很大的難處，這就是為什

麼比價的觀念人人都懂，卻不是每個人都能夠這麼做，與其灌輸大家『貨比三家』的基本常識，還不如提供一個省時省力的方法來的實際。

簡易比價法1：看商品ＤＭ，瀏覽優惠折扣

就如同先前所說的，各家商店的標價其實差距不大，但是若遇到優惠活動時，之間的價差就會拉長，只要能掌握到自己想要的商品是否在各家商店的優惠當中，就可以避免買貴很多的情況。

要掌握到這些優惠內容其實不難，只要索取該店的ＤＭ，就可以花少少的時間做完比價，而且有的店家還提供了會員『ＤＭ寄送到府』的服務，就更是省下了親自跑一趟的時間。

我經常看到不少工作和家庭兩頭燒的婦女，因為沒有多餘的時間比較，老是隨便找間便利商店或加油站購買生活用品，可是價格和超市賣場相比，往往都是偏貴的，辛辛苦苦用勞力和時間換取金錢，卻在這樣的小地方流逝出去，這就是忙碌的現代人生活，雖然上述的比價方法是省大錢而不省小錢，但是可以簡單地減少金錢流失的速度，對生活開銷也算是不無小補。

當然，這樣的比價法對每一分錢都要斤斤計較的婆婆媽媽眼裡，可能不是非常認同，我也承認要完全將買貴的機率

降到最低，親自到各家商店去比較一番是最萬無一失的方法，但是現代生活的價值計算，不僅是侷限於實質金錢，同時也要將時間納入計算，才能夠正確地算出盈虧來。

簡易比價法2：用巡邏式的購買方式比價各店的平時標價。

　　若要連小錢也想省下來，作者我這邊倒是有個方法可以提供給大家，當比價過後確認各家商店的優惠項目裡沒有自己要購買的商品時，可以選擇任一家方便的商店即可，但是若想要找家最便宜的價格，又沒有時間一一比價的話，各位可以嘗試輪流到各家商店去購買，這一次到A店，下一次則選擇B店，接下來選擇C店像這樣到處買遍。

　　因為各家商店在平時的商品標價幾乎是固定的，所以像這樣將所有商店買過一遍後，就可以大致掌握各家商店的價格，雖然過程中多少會損失點差價，但是能因此減少往後比價的時間，也不見得就是吃虧。

　　為了『貨比三家』買到便宜的價格，大家在這上頭都花了不少的心思，但是費了這麼多工夫買到的價格，就絕對是最便宜的嗎？

　　無論是再萬無一失的比價法，都不能保證絕對不會買貴，即使當下買到的金額是最便宜的，但是有可能在換了新檔期以後，出現更低的價格優惠，這種經驗想必大家多多少

少都有遇到過幾次，那時除了懊悔、怪自己運氣不好以外，真的就完全束手無策了嗎？

買貴就當作繳學費，藉機分析商品特價邏輯

其實有的優惠是具有一定邏輯性的，像是淡旺季、出清特惠、或是該店固定的促銷活動，比方說：常去的美妝店經常固定在某一天推出優惠特賣，經過長期觀察，發現這個特惠幾乎每隔兩個禮拜就舉辦一次，若掌握到這個邏輯的話自然就可以買到這個折扣價。

若該邏輯是外界無法得知，比如廠商優惠或商品利潤等內部因素為判斷基準，除了碰運氣外，跟店員打好關係去探聽也不失為一個好辦法。

『比價』的方法隨著時代不斷求新，在重視時間觀念的現代生活中，求的是省時省力的方法，讓自己能夠貫徹始終，若是勞心勞力到打消了省錢的念頭，結果更是得不償失。

善用卡片積點，
再多賺一手回饋

懂得運用店家的會員卡或是銀卡發行的信用卡，
在日常必須的消費當中累積點數，等同於另外賺
一筆回饋補償荷包。

在進入正文之前，先讓我們看看以下的案例：

王先生每天開車通勤，每個星期都會固定到住家附近的
加油站加20公升的油，該店除了折扣優惠外，還另外推行了
免費會員卡可以積點兌換贈品，讓顧客能夠享有雙重優惠。
王先生因為點數只能兌換贈品，所以沒有太大的興趣。

以某間連鎖加油站會員卡機制來看，每公升積1點，一個
月可累積約80點，一年可累積約960點，可兌換60點盒裝面紙
十六盒，換算市價也可節省上百元的生活開銷，不無小補。

你犯過像王先生這樣的錯誤嗎？

為了吸引顧客上門，除了價格上的促銷外，會員卡的優惠也是一個方案，所以幾乎很多商店都有推行自家的會員卡，或是和其他店家合作推出的積點卡。

這些卡片優惠有的採取折扣價，有的採取兌換贈品方式，有的更能夠直接折抵現金，無論是其中的哪一種，都能夠多多少少減少些開銷。

由於紅利點數是商家額外附贈的，所以單次積點的方式和價值可能容易讓人忽略，只有經過長時間的累積，才能夠看到點數的回饋，作者我任職的服務業，也同樣推出會員卡積點的優惠，每到年底的兌換潮，倉庫裡的贈品不只是一盒一盒地兌換，還有一整箱一整箱搬運的，即便是囤積了滿滿的貨，也能夠在幾個禮拜內領取一空。

看到這樣的光景以後，我才理解到所謂『積少成多』的效應。

大家對於會員卡猶豫的原因其實很多，除了不理解點數的實用性，卡片費用有時一個非常大的主要因素，其實這些會員、積點卡的主要目的是為了保持回客率，因此費用大多是銅板價，免費申辦的也愈來愈多，所以大家不用太過擔心

這點，應該考慮的因素是該店是否為自己常去的店家？使用
該店的會員卡是否能賺取比卡片費用還要高的價值？來決定
自己是否要申辦卡片。

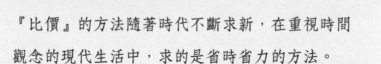

小叮嚀

『比價』的方法隨著時代不斷求新，在重視時間
觀念的現代生活中，求的是省時省力的方法。

避開會員卡陷阱

卡片積點的用意是在必要的生活開銷中獲得一點補貼，但是很多人卻本末倒置，為了達到積點的門檻而『多』花了一筆消費。

這類的卡片雖然聽起來好處多多，但它同時也可能成為一個荷包漏洞，讓人賺優惠不成反而多花錢，這話怎麼說？

卡片積點的用意是在必要的生活開銷中獲得一點補貼，但是很多人卻本末倒置，為了達到積點的門檻而『多』花了一筆消費。

這讓原本用來省錢的卡片反倒成了增加支出的漏洞，因此也有提倡『不申辦會員卡』的反對聲音出現，雖然這是很多人的通病，但是這樣完全放棄會員卡積點卡的好處，又太

過可惜了。其實，只要各位以實際數字去計算積點的價值，這樣的通病就能不攻自破，舉個例來說：

　　王太太到 A 商店購買了486元的商品，持有該店的會員卡，卡片的積點方式為每消費100元積一點，四點折1元，為了湊足五點，王太太又多買了一支15元的刮鬍刀。只要經過計算就知道，積點價值為1÷4＝0.25元，用15元去換取價值0.25元的點數，怎麼算都是得不償失。

　　同樣的在贈品方面也能夠用這個辦法計算出其價值，打個比方：

　　高先生到加油站加了35.82公升的汽油，持有該油站的會員卡，卡片積點方式為加油每公升積1點，六十點可兌換一盒面紙，為了湊足36點，他又多加了0.18公升的油。

　　只要經過計算就知道，一盒面紙的市價約20元，所以積點價值為20÷60＝0.33元，以最便宜的92汽油市價每公升33.9元來計算，等同於6元去換取價值0.33元的點數，一樣是很不划算。

　　相信大家以實際數字去計算出價值以後，就會發現想賺積點的念頭只會讓自己損失更多金錢，讓店家受惠。

我明白大家對於多買的金額總是會覺得浪費，但是積點本身的價值是額外贈送，所以價值大多連一塊錢都不到，只要各位明白這點，那麼這樣的通病自然能迎刃而解。

　　雖說會員卡的制度已經是非常普遍，但是也不是每家店都有會員卡服務，或是聯合積點卡的合約商家，不過就算如此，我們還是能夠另外地從該筆開銷中獲得積點回饋，那個工具就是各大銀行發行的信用卡。

小叮嚀

　　紅利點數換句話說，就是商家拉生意的工具，主要目的並非是為了消費者著想。

注意信用卡陷阱

雖然信用卡的風險很大，但是如果使用得當，也
不失為是一個賺取回饋的省錢工具。

不用特別說明各位也應該清楚，使用信用卡並需要小心
節制，因為信用卡的功能是先消費後付款，不像現金付款如
果沒錢就買不到了，所以很容易超過自己能夠支付的額度。

即使現在的信用卡都設有消費上限，使用上也是得再三
謹慎，萬一因此留下信用上的壞紀錄，甚至成為卡奴一族，
那就辜負了省錢的美意了。

雖然信用卡的風險很大，但是如果使用得當，也不失為
是一個賺取回饋的省錢工具。現在幾乎各大銀行的信用卡都

有推出紅利積點，同樣的消費金額在無會員、積點卡的商家就僅僅是獲得商品，但是刷卡消費不只有商品，還能另外獲得積點。

這些點數可以換取優惠或商品，如果是常光臨的店家聯名卡，享有的折扣和積點優惠還會增加，為荷包大大補貼一筆。

舉個例來說：

小珊申辦了一張ＸＸ銀行的信用卡，上網瀏覽該卡的點數兌換贈品，對於其中的超商禮卷非常感興趣，為了達到兌換門檻，所以的生活消費都用信用卡支付，就連同行的好友費用也都一律刷卡支付，然後再向友人換取現金。

經過累積下的高額刷卡金兌換成點數，便足以換取3張超商的百元面額禮卷，小珊拿這些禮卷去購買生活用品，便等同於省下了三百元的生活開銷。

除了紅利點數外，各家銀行推出的信用卡優惠愈來愈多，還有各式各樣的首刷禮吸引顧客，這是一個很可怕的荷包漏洞，我身邊就有不少的朋友一打開錢包，便是整疊的信用卡卡片，可是這麼多張的信用卡當中，真正會用到的卻沒有幾張。

　　或許大家認為自己沒有刷卡，即使辦了這麼多張卡片也沒關係，直到收到帳單的時候才意會到有卡費這項費用的存在，飛走的錢就已經追不回來了。

　　舉個例來說：

　　吳先生被ＸＸ銀行的信用卡優惠吸引，申辦了一張該行的的信用卡，賺得了該卡的首刷禮禮金三百元，後來因為刷卡的折扣優惠不如他行卡，所以便一直放著沒有再使用。

　　直到年底，吳先生在帳單中看到一筆500元的卡費費用，仔細翻閱信用卡條約，這才注意到這項費用的存在，為了首刷禮300元禮金，卻損失了500塊的卡費，吳先生頓時為自己當初的貪心悔不當初。

　　其實，讀者們想安全地使用信用卡的回饋優惠，也不是沒有辦法。大家可以考慮選擇VISA金融卡，同樣享有信用卡回饋積點的好處，又沒有卡費上的困惱，帳戶沒錢的時候就無法刷卡，安全地控制住自己的花費，沒有當『卡奴』的缺點，可說是非常安全的理財工具。

　　紅利點數換句話說，就是商家拉生意的工具，主要目的並非是為了消費者著想，所以這類的卡片積點雖然可以是『省錢』的輔助，但也可能因此成為讓荷包大失血的銳利武

器，大家在使用上千萬要保持中立的心態，就能夠克制住金錢的流失，達到節省的用意。

資源回收
也能夠換得高價值

別小看資源回收，換個管道提高其價值，同樣可以成為補貼生活開銷的省錢法。

　　還記得作者國小的時候，常常將班上的寶特瓶回收拿到學校對面的便利商店換錢，起初的時候回收金很高，一個寶特瓶可以換得一塊錢，一兩袋換下來常常可以換得四、五十多塊錢，就算後來漲成兩個寶特瓶換一塊，但是這樣累積下來的班費還是足夠大家拿來吃吃喝喝。

　　垃圾分類回收是一個環保行動，為了提倡環保，所以以回收金方式來鼓勵大家做資源回收，但是隨著回收金額愈來愈低，又加上佔空間和造成環境髒亂等問題，所以除了以拾荒維生以外，大部分的家庭幾乎都是丟給回收車回收居多。

25

雖然我在某本理財雜誌裡，曾經看到有位達人的省錢方式，就是在向外承租的學生套房的樓下大廳設置資源回收筒，每個月靠著這些回收就獲得了千元的額外收入。

不過，那是靠著整棟學生房客們的回收量才能夠產生回收價值，若換作一般家庭所產生的回收垃圾量，想必很少人會為了這幾十塊特地跑一趟回收場。

高價值回收1：寶特瓶

除了回收場可以賺取回收金以外，回收的管道也開始變得多樣化，寶特瓶雖然回收價值不高，但是使用量卻不少，尤其到了夏天飲料需求增加，到處都是人手一瓶寶特瓶，為了倡導回收環保，高雄地區就設置了寶特瓶的回收機器。

雖然機器的辨識上有很多限制，但是一個瓶子可以兌換一塊錢的悠遊卡金，兌換的報酬率相當地高，這對於搭乘公共交通工具的民眾來說，無非是筆不少的補貼。

高價值回收2：廢電池、3C產品

另外，除了較常見的回收品以外，最近也開始注重像電池、廢3C產品等回收，若以回收場秤重論斤的方式回收，這些小物品的重量根本賣不了多少錢，所以對於這類商品，大多是丟到垃圾桶，很少有人會特地拿去回收。但是電池內容物含有重金屬，手機更是裡裡外外都具有重金屬成分，若是

任意丟棄，對地球的汙染甚大，為了倡導環保，提供這類回收的企業紛紛崛起，有的以數量計算兌換積點，有的則是以重量計算，但是無論是以何種方式計算，都比回收場的金額還要划算，以藉此提升回收意願。

　　一開始作者我會得知其回收價值，是因為論壇上的省錢版討論，一開始最划算的方式，是以數量計算，轉換成特定積點卡點數，再藉由兌換點數的方式折抵消費，報酬率雖然不能說非常高，但是比起回收場回收的價值還要高上許多。

　　之後出現的兌換方式，雖然以部份是以重量計算，部份以數量計算，但是兌換的報酬率和上述兌換積點方式是相差不多。不過，若是有遇上特殊活動日，回收比例就會用雙倍計算。

　　雖然回收金只能兌換店內商品，但是價值可說是冠壓全場。每回運用雙倍活動，回收金額總是能兌換了不少生活用品，光這些用品的花費節省下來，就又是一筆開銷補助了，這就是一般回收和高價值回收物的不同。

　　當然，就算是一般回收，只要積少成多也是一筆額外的補貼，但是別說是生活忙碌的族群，就連一般人都不會有這樣的想法，因為這樣的省錢法在執行方面有許多困難，以報酬率來講完全不划算。朋友們常常看我去免費兌換商品，都

非常好奇我的省錢秘訣，可以當我說出資源回收這個答案時，所有人臉上都是三條線。

我明白大家心裡的想法，其實作者我也是相當怕麻煩的，每天上下班就夠累人的了，怎麼可能還有閒工夫去整理回收物，維持生活環境，光睡覺的時間就不夠用了。

同樣是資源回收，但是這種高價值的回收法完全不同，第一個舉例的寶特瓶回收因為是以數量計算，所以根本不需要囤積；第二個舉例的回收法雖然需要囤積到優惠活動時兌換，但是因為體積小，隨便找個盒子收集就可以了，根本不用花心思去打掃整理的。

即使是再小的省錢招數，但是只要能夠找到辦法放大其價值，就算是資源回收，也能夠取得相當的報酬率。

使用節能家電，聰明省錢又環保

使用節能產品作為輔助工具，就可以輕鬆地達到省錢的功效，好比汽車和行人比速度，結果絕對是事半功倍。

在進入正題之前，讓我們先來看看以下的案例：

時節轉眼間進入盛夏，炎熱的天氣讓冷氣機開始運轉，夏日的高基本電價再加上高耗能的電器電費，讓金錢從更大的荷包漏洞中流逝出去。

為了要省錢，王家開始進行節能大作戰，整個夏天冷氣一次都沒開，完全以電風扇和扇子來代替消暑，其他家電使用完不只要隨手關掉，更要將插頭拔除，防止電費一點一點地上升。

住在隔壁的吳家在這個夏天並沒有特別的電費管制，隨手關電源是平常的習慣，平時吹電風扇消暑，真的熱到受不了或者晚上睡覺的時候，會定時吹送一、兩個小時的冷氣來消暑。

　　各位讀者認為整個夏天比起來，哪家的電費會比較低呢？

　　高科技的現代讓生活變得相當便利，卻也同時讓生活處處充斥著荷包漏洞，電費、水費、交通油錢等等的費用出現，已經習慣的我們要在短時間內甚至是完全抽離這樣的生活模式是不簡單的，這也就是節能省電的困難之處。

　　即使再怎麼省電，還是有無法省下來的費用，比方說：

　　夏天可以不吹冷氣，但是同樣高耗能的冰箱卻不能不使用，甚至24小時不間斷運轉著。因此就算各位都像王家一樣地為了節能而忍耐著，也僅僅是降低了基本的用電，每個月省下來的錢恐怕也不多。

省電不用苦哈哈，利用高科技來輕鬆省錢。

　　既然是生活在高科技時代，自然也衍生了不少科技產品來輕鬆解決這個困擾。舉幾個例來說：傳統家電耗電量高，

改使用節能家電就能節省不少的電費；不只是電費方面，水費方面也有感應式的省水水龍頭可以省下不必要的水資源。

生活中不可或缺的開車油錢，則可以選擇省油的節能汽車來代步……諸如此類的節能科技，都能夠讓我們輕鬆省錢，不用改變太多的生活方式。

節能產品的認知程度已經是家喻戶曉，大家對此想必都不陌生，但是除了公家機關和企業以外，在一般家庭裡卻不是很普遍，這是為什麼呢？

那是因為要將舊有的家電和座車全部汰換，是一筆不匪的金額，在荷包緊縮到需要節儉過活的時機裡，支付這一大筆花費的確是相當為難的，即使省錢的成效再好，但是只要想到這點，大家多多少少都會產生打消的念頭。

話雖如此，但是若想要明顯地看到省錢的效益，節能產品絕對是不能少的輔助工具，如果各位無法一次支付全部汰換的費用，建議用分批更換的方式逐步進行，慢慢地將日光燈改成節能燈管，再接下來輪到冷氣、冰箱等……一步步地將家裡改造成一個節能環境，負擔也會跟著減少一些。

比較傳統以及高科技，你想要過哪種生活？

　　傳統家電的高耗電量會每天每天大口腐蝕你的荷包，若更換成節能家電則是會大幅降低用電量，由於每家傳統和節能產品的功效不同，每個人的生活方式也不盡相同，所以在這裡並不能以實際數字精準地告訴大家能省下幾％幾倍的開銷費用。

　　但是能夠肯定的是，節能的效果是非常明顯的差距，並非僅僅是相差不多的效果，各位千萬別嗇眼前購買的支出費用，而放任金錢就這樣大把大把流逝掉。

　　其實，除了家電、汽車類的售價較為昂貴，其他節能的相關產品並沒有那麼高價，雖然節源家電單價都比傳統的還要高上幾倍，但是使用上能夠省下來的電費、水費，絕對會超過其中的差價，所以各位不要因為捨不得花錢購買節能產品，反而讓荷包掏出更多的錢來繳費，這樣可是得不償失。

　　舉個例來講：

　　為了節省電費，王家決定將家裡的家電全部改成節能產品，從日光燈、冰箱、冷氣等裡裡外外全部汰換，總共花了十萬塊的費用。

　　在汰換成節能家電以前，王家每個月的電費為1,500元，在更換家電過後，每個月的電費降至1,000元，每個月足足減少了五百元的開銷。

　　以這個例子來說，雖然省下來的錢要花上十六年才能回本，但是比起沒有汰換，每個月都多耗損了五百元的電費而言，十六年後可說是白白損失了十萬元的支出。

　　講到這裡，大家對省錢的辛苦印象有沒有徹底改觀，那麼我們重回一開始的案例中，徹底實行省錢計畫的王家和只做基本省錢習慣的吳家，到底哪一家才是省下最多開銷的？

　　想必各位在第一時間都會直覺選擇王家，不過這一題的答案卻是出乎眾人意料外的吳家。

　　就因為吳家使用的是節能產品，照明的日光燈、消暑的冷氣機、電風扇、冰箱、還有日常中的其他家電都是，這些節省下來的用電累積起來，是王家整個夏天裡萬般忍耐之下還很難達到的，這就是兩家之間的差距。

　　傳統家電和節能家電的差別，就好比世界紀錄中最快的飛毛腿多努力的狂奔，也絕對追不上加速行駛中的汽車一樣。而王家忍著不吹冷氣的行為就好比紅著臉狂奔的飛毛腿選手，不管再怎麼努力都比不上坐在車上代步的吳家。

節能商品的選購：大品牌、節能標章

　　各位雖然清楚了節能商品的功效，但是在購買時看到琳瑯滿目的各式品牌和規模，絕對會不曉得該如何選購，其實各家品牌的節能功效都大同小異，如果大家無法從商品規模中的數據判斷也沒關係，只要確認好電壓數，並且選擇國內大品牌製造、有節能標章認證的品質保障就可以了。

　　若真要比較，無非就是在價格方面做個『比價』，雖然使用節能商品可以省錢，但是若降低了購買成本，也可以減少開銷上的負擔。

　　運用輔助工具，省錢也同樣可以非常簡單，如果輕鬆省錢方法不用，非要使用LKK、又累、又沒有效率的方法節儉，這樣豈不是太枉費生活在高科技的時代了。

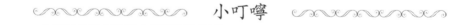

小叮嚀

　　節源家電單價都比傳統的還要高上幾倍，但是使用上能夠省下來的電費、水費，絕對會超過其中的差價。

和店員打好關係，就能得到第一手優惠消息。

內部員工總是能夠獲的商店優惠的第一手情報，所以只要跟店員打好關係，就能夠早一步獲得消息，避免買貴或是錯過優惠的惋惜當中。

在進入正題之前，先讓我們看看以下案例：

「歡迎光臨。」加油員面帶笑意地向光臨的 A 客人招呼，但是卻沒有從對方那裡得到相對的回應。

A 客人講起話來非常不客氣，聲音大到連其他客人都聽得一清二楚，態度十分地不悅。「喂，不用送水啊？」加完油後，這名 A 客人依然不客氣地喊著，完全不是有求於人的態度。加油員很有禮貌地婉拒：「先生不好意思，降價和贈品只能二選一。」

好不容易應付完 A 客人的蠻纏後，忙碌的加油員又忙著另一組客人。

　　這組 B 客人是個態度溫和有禮的先生，講起話會時不時地向員工道謝，給人的印象非常友善。「小姐，不好意思，可以跟妳要瓶水嗎？」加油員聞言，二話不說地就立刻遞上一瓶水贈送。

　　同樣是選擇了降價，為何 A 客人索取不到的贈品，B 客人就能輕易地拿到呢？在我上網常去逛的省錢版論壇裡，網友間互相交流的各式優惠資訊中，大多來源就是出自於店員，這是公司無法避免的。

　　因為優惠資訊的換檔都務必在之前讓員工得知，才能夠確保其服務品質，所以內部員工永遠都能得到第一手的優惠情報。

　　有很多老經驗的高手就是知道這點，所以平常都會和員工聊個幾句套交情，交情到了甚至不用特別詢問，店員就會在閒聊裡自動將消息說出了，這就是為什麼明明沒有特別宣傳的搶購活動，總是會擠滿了不少人在現場摩拳擦掌，就是因為透過員工獲得了第一手情報。

上述的案例是作者我在加油時的親眼所見，對於店員的贈品管控權，讓我開始注意到員工在優惠情報和回饋上的重要性。

獲得第一手情報的方式，掌握人脈。

雖然說『以客為尊』，但是店員畢竟也是人，也有自己的情緒，即使面對討厭的客人不能給予臉色，卻也絕對不會好心提醒有什麼優惠方案和搭配，所以說若是抱持著客人的優越感而頤指氣使，就會錯失了很多好康。

相對的，若是遇上態度很好或是極為熟識的客人，在心情極佳的情況下就會多少提醒幾句，或是偶爾給個方便、送點小贈品等等的友好行為，即使是不能洩露的優惠資訊，也會偷偷地說個幾句，這就是和店員打好關係的好處。

要如何才能和店員打好關係？

雖然要和人打好關係並不是那麼簡單，但也並非是多難的事，只要保持禮貌的態度和說話方式，在每次上門消費時跟店員多少搭個話，都可以增進店員的好感，並非得花多大的心思，或是消費多少的業績才能夠辦到。即使如此，如果開場話說得不好，或搭話時機不對，非但不能引起店員的好感，反而好印象會被大大地扣分，這點大家要特別注意。

打好關係的重點1：別說廢話

　　對於顧客來說，只說著一句話，但是對店員而言，同樣的話或者是問題或許聽了不下幾十次幾百次了，除非是必要的問題，或是天氣方面的基本開場白，否則聽起來像是廢話的話題，就請各位千萬別用了。

　　我就曾經聽過店員跟我在抱怨，逢年過節或是颱風天的時候，最討厭聽到客人上門光臨卻總說些：「今天還有開門營業啊？」、「颱風天怎麼沒放假啊？」之類的廢話。

　　偏偏幾乎每個人一開口都是這類的開場話，回答到幾乎要讓人覺得火大了，當然，這些客人的搭話就不會引起店員的好感，反而會讓人想趕快結束話題。

　　其實，如果真的找不到話題，又不想總是說些「今天天氣真好」的老掉牙，就只要說聲「辛苦了。」的安慰話，就可以給人留下好感了。

打好關係的重點2：別在忙碌時或是下班前打擾太久

　　另外，搭話的時機也是很重要的，在店員非常忙碌，後面已經開始出現排隊的人龍時，就不適合多加跟店員搭話，這個時候就算要搭話，也會被隨便打發應付，根本不可能會留下印象。店員在閒聊時就跟我抱怨過，有個常客非常有禮貌，而且總愛找員工聊天，每次一聊就是一個小時，又老是

在下班前來光臨，讓他們經常來不及做完交班準備，拖延到他們的下班時間。

可是員工們看對方聊得起勁，也不好意思打斷，那時也沒有其他客人上門，所以遲遲找不到打斷的理由；即使不搭話，對方也能自顧自地講下去，健談的程度好到讓他們非常困擾。

因此，只要大家一看到對方上門，就會露出頭痛的表情。選錯時機找店員搭話，非但不會在店員之間留下好印象，反而會被當作瘟神般，讓人避之唯恐不及，這樣就無法和店員打好關係的。

大家下次到商店消費時，可以嘗試和店員搭個話，慢慢地打好交情，不只能夠多認識點人脈，還能夠從店員那裡得到些好處和方便，作者我就已經在店員多次的提醒下，避免了買貴或是錯過優惠的後悔。

放下『以客為尊』的優越感，各位不但不會失去做為顧客的尊重，得到的收穫反而更多。

蔬果自給自足，
不畏懼物價變動

隨著物價波動，自給自足的生活方式也逐漸成為一個省錢妙招，不但可以節省開銷，還可以品嘗到無農藥殘留的有機蔬果，可說是好處多多。

在進入正題之前，先讓我們看看以下案例：

「颱風過後，農作物損失嚴重，蔬果菜價紛紛喊漲，平均漲幅都有2到3成的……」

李先生一家人坐在餐桌前吃飯，看著新聞報導的菜價報導一點也沒有抱怨，即使颱風天剛過，李家的餐桌上仍是滿滿的好幾盤青菜，完全沒有受到菜價的影響。

除了餐桌上的這些，冰箱裡還堆積了不少種類的青菜水

果，高麗菜、四季豆、番茄等等，這些在颱風過後飆漲至數十元到數百元不等的蔬果，並不是在之前囤積起來的成果，而是李家男主人植栽的收穫。

拜這些收穫所賜，讓李家在這次的菜價飆漲下，荷包沒有因此大失血，反而還省下了購買蔬果的支出費用。

在物價以及食安問題之下，自給自足的生活方式開始逐漸受到重視，可以不用畏懼市面價格變動，又可以節省下一筆生活開銷，是非常實際的省錢方法。

當然，我們不可能因為豬肉貴就去買頭豬，蛋價貴就去買隻雞來養，這樣之間所花的飼料費和環境整理問題，恐怕就有些得不償失了。

不過每天三餐必須的蔬果類，就非常適合自行栽種，雖然正值產季的蔬果類便宜，但是若遇上雨季或颱風等天候問題，還是有可能讓這些菜價順勢攀升，漲到捨不得吃菜的高價。

我們家有個果園，前幾年開始，父親在裡面種植了相當多種類的蔬果，專門提供家裡三餐食用，雖然生活開銷裡沒有因此就少了蔬果的支出，但是很明顯的和之前相比，每個月少了相當多蔬果的花費。

若是遇上了產季，家裡的蔬果多到吃不完的地步時，媽媽便會到處發送給左鄰右舍做個人情，雖然不是太昂貴的禮物，但是有機栽種的蔬果在農藥陰影的現在，可說是非常受到婆婆媽媽歡迎的贈與，尤其在颱風季節時菜價飆漲，蔬果的價值便頓時珍貴起來。

自給自足問題1：種植空間

　　種植蔬果來節省開銷的方法其實在前幾年就曾經風行起來了，雖然這當中不用花費太多金錢，可是對於寸土寸金的都市或高樓大廈住戶而言，種植空間就是一個很大的問題，所以『租土地種菜』便成為當時自給自足的選擇方式。

　　不過，就算是找不到適合土地，捨不得這筆租金支出的各位，還是可以享受自給自足的省錢招數。

　　其實要種植蔬果，不一定要選擇一塊土地空間來栽種，只要選擇一個盆栽，種上種子以後放在陽台，每天記得澆花曬太陽，同樣也能夠種植出可食用蔬果來。

自給自足問題2：生長時間

　　雖然水果的成長期很長，但是有些蔬菜類卻是完全相反，從成長到收成的期間只要幾個月的時間，大家不用擔心今年栽種，要等到那一年才可以等到收獲，而且有的蔬果還可以在季節裡重複收成，可以說是報酬率相當高的省錢法。

雖然蔬果的價格不高，但是若家裡一天煮的蔬菜、提供的水果能夠自給自足的話，長久以來能夠省下多少錢呢？

舉個例來說：

平常日的時候，因為大人小孩子上班的上班、上課的上課，所以謝家只有在晚上的時候才會開伙，全家五口人坐在一起用餐，晚餐通常都是四菜一湯和一樣水果，其中有兩道是青菜類。

假日的時候，中、午餐則是在家開伙，菜色同樣是提供四菜一湯，兩樣青菜類和一樣水果。

就算蔬果都採取當季產物，兩道青菜外加一樣水果，少說都有50元的花費，若依個月下來，光是蔬果類就花了大概一千多塊，但是若能夠自給自足，甚至只有其中一部分的量，都能夠讓生活開銷大大的減少。

雖然這只是大概的舉例，針對每個家庭的情況會有或多或少的變動，但是自給自足所能節省下來的生活開銷，絕對會是筆可觀的補貼。

另外，若種植的產量太多，又沒有對象可以贈送的話，這時可以販賣給市場菜販，雖然價格比市面上的還要低，但

是總比放任腐爛敗壞的選擇好得多，更可以換取一些補貼，這樣零零總總加起來，自給自足的生活方式可以說對荷包的拮据有非常大的幫助。

　　只要買個蔬果種子還有盆栽，就可以輕鬆享有自給自足的省錢生活，好處多多又有明顯效益的省錢方法，可說是田園樂的另類用途。

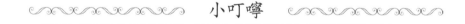

小叮嚀

在物價以及食安問題之下，自給自足的生活方式開始逐漸受到重視。

免費資源的運用，讓你省下一筆開銷

你自認自己是省錢達人，任何優惠消息都不放過嗎？那麼免費資源的運用，是不是同樣的也沒有錯過呢？

　　現在物價高漲，生活上花的每一分錢都得要斤斤計算，當所有人都去關注『特價』商品的同時，也不要忽略了『免費』資源的運用。

免費資源１：冷氣大方吹

　　在夏天，冷氣是不可少的消暑產品，不過卻也是耗電量大又浪費錢的奢侈，所以比起傳統冷氣，節能冷氣絕對是省錢的多；但是比起吹節能冷氣，免費冷氣更是大大的節省。

『免費』冷氣的資源隨處可見，只要隨便找家商店閒逛，就可以享有這樣的資源，可是店家資源其實是冒險程度非常高的選擇，因為在逛街的同時，有可能就會被裡面琳瑯滿目的商品吸引，進而掏錢消費，失去了免費的意義。

　　就算各位自認自己的自制力很好，可是不消費在店家裡逗留一整天，大部分人心裡多少都會覺得很過意不去，幾乎沒過多久就會選擇下一家商店，以這樣緊張的方式去享用免費冷氣，很快地就會放棄這樣的資源，而選擇回到家裡忍受炎熱，或是開冷氣自暴自棄。所以，除非是自制力好或臉皮厚的讀者，否則商家的免費冷氣絕對吹不得。

　　要吹這種免費冷氣，其實有一個非常好的地方，那就是政府附設的圖書館，既可以大大方方的吹著冷氣看著書，若是學生可以到自修室去功課，不用擔心會遭他人白眼，更不用畏畏縮縮地心神不寧，悠閒地度過一整天。

　　而且，現在圖書館的書籍種類愈來愈多，甚至各式雜誌、報紙都一應俱全，與其花錢去購買、租借，還不如到圖書館來免費借閱划算。

　　各位算算，幾個小時的冷氣錢、報章雜誌的購買借閱費、還有悠閒的空間價值加總起來，是不是少了非常多的生活開銷呢？

免費資源 2：免費交通工具搭乘

目前台中在交通方面有個不錯的免費資源，就是持著悠遊卡搭公車可享八公里免費的優惠，對於到台中市遊玩或是通勤的上班、學生族而言是個不錯的交通資源，來回一趟就可以省下40元交通費開銷。

作者我有次和朋友到台中遊玩時，就是忘了有這項優惠，所以沒帶悠遊卡出門，導致我白花了40元的交通費用，現在想起來還是非常懊悔啊！所以掌握免費資源的資訊，是避免荷包失血的重要步驟。

不只是台中市，台北市也有推出交通方面的免費資源，畢竟身為台灣先進都市，推行的免費資源相當多，在交通方面自然也不另外，享有單車租借服務，只要成為會員，就可以持著悠遊卡享有前30分鐘免費的優惠，而且可以甲地借乙地還，非常地方便。

若是通勤距離短的人，也可以選擇免費單車作為代步的工具，既不用煩惱停車空間問題，又不用特地花錢買台單車，運動之餘而可以省下通勤費，可說是一筆不小的補貼。

若是騎乘電動機車的讀者們，在各地都有免費資源可以運用。為了倡導環保節能，電動機車的普及率愈來愈高，不用油錢、牌照稅、燃料費等費用，只要花費充電的低額電

費，也讓電動機車成為省錢一族代步的輔助工具，然而就連這筆充電費用，也可以運用各地建設的免費充電站節省下來，可說是非常方便的免費資源。

免費資源 3：免費WIFI使用

行動網路的普及，讓WIFI的使用量攀升，出外遊玩打卡甚至是地圖查詢，都需要無時無刻動用到網路功能，因此，提供免費WIFI的服務的據點也愈來愈多，無論是公家機關、便利商店、甚至是商家都有所提供，可說是非常方便的免費資源。

若是在外需要使用行動上網，可以就近找尋像是郵局、車站、國道休息站、或是縣市政府等公家機關，都是能夠免費使用WIFI功能的地點，而且使用的時間沒有受限，是個便民的服務。

如果附近真的找不到這樣的處所，那麼全台密集度第一的便利商店絕對是使用免費WIFI的不二選擇，只要加入會員以後，就可以使用這項免費資源，雖然有每次30分鐘，一天90分鐘的時間限制，但是也算是不無小補的服務。

除非是使用吃到飽專案的，否則使用電信業者的WIFI可是要傷荷包的，既然有免費資源可以運用，就不用擔心上網的流量和費用，也能夠間接地省下一筆上網費用，也是不

小的補貼。說到免費資源，很多人第一個想到的就是公司資源，像是充電、裝公司的飲用水、下架品免費吃之類的運用方式，但是使用上總是得戰戰兢兢地注意上司的動靜，一個折騰下身心都已經萬分疲倦了。

　　所以，『免費』兩個字聽起來雖然誘人，但是轉個方向來想，總是脫不掉麻煩、人擠人、很累、甚至是詐騙等負面印象。不過上述的這些免費資源，可是社會提供給大眾資源，大家可以大大方方地使用，不用有過多的擔心。

小叮嚀

　　除非是自制力好或臉皮厚的讀者，否則商家的免費冷氣絕對吹不得。

掌握省錢資訊，
輕輕鬆鬆賺折扣

現在網際網路和APP發達，許多省錢資訊和折價券都能輕鬆地藉此獲得，是個相當方便的省錢管道。

每當作者我在網路論壇的省錢版當中，得知有好康優惠可以索取時，媽媽總會很感嘆地說：「現在的時代什麼都得靠網路，要不然什麼折扣優惠的根本就無法得知。」

比起紙本宣傳單，運用網路資源可以被更多人看見，得到更大的宣傳效果，所以運用網路或APP才能取得的優惠愈來愈多，如果是不會使用電腦的婆婆媽媽，在第一步就會搶輸給年輕人，所以，懂得運用網路和APP是非常重要的情報技能。

雖然網路訊息無遠弗屆，但是這麼多以不同媒體方式宣傳的廣告和優惠，即使是一天大半時間都掛在電腦上的人，也無法在沒有網友間的分享下，對於這些好康活動全部瞭若指掌，所以網路論壇和網站紛紛開設有關省錢的版面，要讓全國各地的優惠都能夠在互相做個交流。

網路資源 1：免費商品分享

有別於上一個章節的免費資源，現在所提到的免費商品是出自店家宣傳的活動，或許大家會想說大概就是人擠人，需要排隊或搶購的混亂場面吧？

我只能說：錯！為了一個價值幾十塊的商品而搞得自己狼狽不堪的活動，別說是作者我了，就連省錢的同好間對這類活動也不是太熱忠。

我就透過省錢板上的訊息索取過不少免費商品，有免費的蔥油餅、速食店咖啡、化妝保養品試用、店家開幕的免費試喝試吃等等，而且有的免費活動還維持了一段時間，當中取代的早餐錢和咖啡飲料花費，就是一筆不錯的補貼。

而且領取的過程中，沒有推擠、不用排隊、也不必等候，令人意想不到的平靜場面，就是因為這樣才會讓跟著一起撿好康的媽媽大呼：「網路這個門路真的是非常重要。」

網路資源2：壽星優惠

　　許多網站和店家其實對於壽星都有提供優惠，所以每換一個月份，大家都會在網路上詢問或分享相關的壽星優待，像是網路會員的生日禮領取、折扣優惠、甚至是免費招待的好康都有，這也就是為什麼這幾年來，網友們會那麼重視壽星優惠的原因。

　　作者我不常外食，所以餐廳的壽星優惠是沒有享用過，生日禮除了各大網站的免費點數外，還領取過連鎖平價咖啡館的蛋糕和飲品組合，而且還是免費招待，商品價值就將近百元，不花半毛錢地吃著蛋糕過了生日，則是最划算的生日過法。

網路資源3：點數運用提醒

　　使用紅利點數賺取回饋，是非常基本的省錢方法，所以如何將點數的價值放大或者是加倍，甚至避免因為過期而導致價值喪失，都是省錢版的同好會互相提醒的。

　　像是點數歸零的前幾天，整個省錢版就會傳遞相關訊息，提醒大家趕快兌換點數，作者我有很多點數就是在這樣的提醒下，免於歸零的慘事發生。

　　很多點數其實除了消費外，還有許多積點的方式，比如說填寫網路問卷或是點選廣告等方式可以累計，我和我朋友

都同時擁有該集點卡，但是比起我更常消費的朋友點數卻相較地少，就是因為朋友不知道網路積點的資源。

網站上也會有不少人詢問如何點數價值放大的累積法，像是在會員日購買有加倍的活動、特定商品有加倍的優惠、或是生日的免費點數贈予，這些點式的運用都是省錢族節省開銷的輔助工具之一。

網路資源4：折價優惠

當然，說到省錢的根本，莫過於商品的特價優惠，只要各大連鎖商家推出新的優惠檔期，或是網路上有什麼折扣活動，都會被網友統整放在板上交流。

另外，折價卷也是購物時不可或缺的折扣，所以各大購物網站的折價卷放送、哪家報紙有什麼優惠的折價內容、或是哪個優惠活動的取消，這類的情報都是省錢版面上的必要重點。

網路資源5：省錢的輔助工具

要讓省錢的效益事半功倍，輔助工具的存在是絕對不能少的，像是省錢或是兌換商品的APP程式和網站，都會有熱心的網友向各位推薦，其實跟省錢相關的網站和APP相當地多，而且報酬率高的還不少，作者我就申辦過這些推薦，經常利用這些紅利點數兌換超商抵用卷、商店商品等免費好

康，多多少少也節省了不少開銷支出。

　　雖然從網路上能夠得到的好康優惠資源很多，但是其中的陷阱也不少，像是有擷取個資疑慮、推銷電話的騷擾等疑慮，都是需要我們多加注意的。

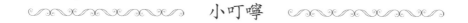

小叮嚀

　　比起紙本宣傳單，運用網路資源可以被更多人看見，得到更大的宣傳效果。

自助服務省錢

將員工的人事成本轉嫁給消費者的自助化，現在
已經成了省錢的輔助工具，凡事自己動手來，就
可以跟著節省生活上的花費。

在進入正題以前，讓我們先看看以下案例：

黃先生是名相當愛車的車主，花在車子上的保養功夫可
說是非常不遜色，每兩、三天就要去趟洗車場清洗一遍，更
是會定期到汽車美容坊將愛車打蠟，所以即使車齡已經十多
年了，卻保養地有如新車一樣。

不過，背後所花的金錢可不是小數目，手工洗車的費用
每回就要百元，再加上汽車美容的費用，每個月最少也得花
上快兩千元。

住在隔壁，同樣是愛車一族的吳先生，對愛車的保養也跟黃先生一樣『厚工』，同樣沒過幾天就得洗一次車，更是會定期將車子打蠟，車況保養地非常新穎，但是他每個月在愛車上的開銷卻花不到千元。

請問，他是怎麼辦到的呢？

想必各位都遇過這樣的狀況，在外頭的餐廳吃飯，除了當天所吃的餐費以外，通常還會多加一筆服務費，雖然只是少數的金額，但是對於荷包緊縮的現在，像這類多餘的費用都會想要能省則省。所以，省去人事成本的自助風氣也就在這種時機當中開始風行了起來。

自助省錢1：自己加油最省錢。

現在的油價飆漲，每個月所花的油錢逐漸增加，許多人為了減少交通費，開始採取少開車、騎機車或單車、多搭乘大眾運輸工具等方法省錢，但是也有因為工作或通勤問題無法採取降低開車的使用率。

若無法降低使用量，又想要減少油錢開銷，那麼唯一的辦法就只有在油價折扣方面做個比價，而其中減去了員工的人事成本，將其轉嫁在實際優惠上的自助加油機，其優惠會比員工服務要來得多。

舉個例來說：

徐先生到附近的加油站加油，持信用卡付費每公升降 1 元，他加了二十公升的油，總共節省了20元的費用。若他到該油站的自助加油區，持信用卡消費可降至 2 元，同樣二十公升的數量，總共可以節省40元的花費，比員工服務還要多省下20元的支出。

雖然自助加油機的設置愈來愈普及，但是使用率卻沒有佔太大的比例，除了信用卡的使用限制外，大家對於機器操作的不懂，也是影響使用自助加油機的原因之一。

其實自助加油機的操作沒有什麼困難，只要照著使用步驟，或是請員工來教導，使用個幾次就能輕鬆上手。

各位要注意的是，國內的自助加油機絕大部份只能接受信用卡使用，所以要使用這項自助優惠的話，還是得持有信用卡。

若是平時習慣以現金付費的人，別急著去辦張信用卡來賺自助優惠，畢竟投幣式的自助加油機尚未普及，所以現金付費的優惠並非就不及信用卡自助的折扣，各位可以先行到常光臨的加油站詢問，再決定是否需要辦張信用卡，跟上自助化的流行。

自助省錢2：自己洗車最省錢

即使是加油站附設的洗車服務，價格也從50元起跳至百元以上，是一、二個便當的價位，若換作是專業洗車場，雖然清洗的程度較為仔細，但是價格也相對地高上許多。

如果想要省下這筆錢，自助洗車場是最好的選擇，只要一、兩個十元銅板就能夠解決，自己動手洗車也不用擔心哪裡會洗不乾淨，泡沫和水注資源都一應俱全，比起在家清洗更是方便許多。

舉個例來說：

許小姐到附近的加油站洗車，手工洗車的花費為70元。若她到自助洗車場洗車，泡沫＋水柱的費用總共20元，比起員工服務還要多省下50元的差價。

各位要注意的是，自助洗車場的泡沫和水柱的供應都有時間性，如何在時間內做適當的應用，讓愛車被清洗得乾乾淨淨，不用再投幣延長時間，就是車主們在使用前要設想好的一點。

自助省錢3：自備工具剪髮最省錢

以前上國中的時候，耳下三公分的髮禁讓我們經常跑髮廊剪髮，剪沒幾下就要百元的支出讓媽媽很是不捨。後來，

媽媽想說只是整修頭髮長度而已，不需要特別的技術或工具，只要一把剪刀就可以，便想要自己動刀來剪剪，從一開始的參差不齊到最後愈來愈熟煉，我們姐妹的頭髮逐漸交給媽媽操刀。

因為我們姐妹都是屬於髮量很多的類型，所以一直為了蓬鬆的髮型而煩惱，媽媽就到商店購買一把打薄刀，兩樣剪髮工具只要70元，但是自己操刀卻省下了每次百元的支出費用，少了這筆剪髮開銷，讓家裡的生活開銷頓時減輕不少。

看了以上的自助省錢的方法後，在回到一開始的案例當中，大家是否可以猜得到為何同樣重保養的吳先生，一個月的花費居然比黃先生少的多？

沒有錯，因為吳先生都是採取自助的方式降低開銷，使用自助加油機節省油錢，到自助洗車場動手洗車，甚至連打蠟保養都自己買工具，免去讓員工服務的『服務費』，自然能讓開銷降到最低，卻仍然讓愛車享受完整的保養。

所以，若想要節省生活花費，自助化趨勢也是『省錢』的一大妙招，大家也可以開始學著自己動手做，來為生活收支做努力吧。

購買二手貨，
靠折舊費省去開銷

不管外觀保持地多麼新穎，甚至是使用不到幾次的物品，只要輪為『二手』，價格就會開始下降，這就是折舊。

在進入正題之前，先讓我們看看下列案例：

謝先生有回在書店看中了一本新書，想要以最便宜的價格購得，所以他走遍各大網站以及店家進行比價，終於在網路商城裡以市價的8折買到此書。

就在一個月後，謝先生在朋友的介紹下，來到一家專賣二手書的舊書攤，在這裡他看到不少原價上看兩、三百的書籍在這裡以3到5折不等的價格出售，而且當中還不乏是年代相當近的書籍。

就在這個時候，他發現前不久才剛買的新書，正以二手貨的價格、也就是市價的一半販售，足足相差了上百元的差價。

你是否也有向謝先生同樣的經驗過？

除了具有增值價值的收藏品，否則只要經過使用，物品的價值就會快速下跌，無論是剛使用沒幾次，外表還非常新穎的狀況也一樣，就算是書本或者飾品之類不易損壞，使用多次都同樣能保持用處的東西，也同樣會淪為二手的廉價品。

作者我其實也是很愛亂花錢的人，只要看到喜歡的東西，就算再貴，也會努力地存到錢購買，這種習慣導致我房間的物品愈來愈多，可是荷包的錢卻是愈來愈少。

後來為了克制住我的開銷，逛街的時候我都會避開中高價位的店家，選擇低價位的商店去光臨，以減少我的支出。

比方說：今天我要買一件牛仔褲，若是在知名的品牌服飾店購買，隨便一件都得從千元開始起跳，但是若選擇平價的服飾店，牛仔褲的樣式多款，而且從三百多塊起跳，價格上就相差了數倍之多。

雖然表面上看起來，這樣的方式好像省下了不少支出，不過，這是因為以高價位的商品做比較，卻不表示自己真的買到了便宜。

　　後來，附近開了一家專賣二手貨的商店，裡面超值的二手價格讓我頓時眼睛一亮，外面最少要上百元的首飾、書籍還有其他林林總總的商品，在這裡只要十多元的銅板價就可以買到，而且外觀完整到像是全新品，若沒有明說根本就看不出使用痕跡的二手貨，全都以二手價的價格論售。

即使是便宜的二手貨，也不能胡亂採購

　　二手商品雖然價位物超所值，但是各位仍然要克制住自己的購物慾，千萬不要因為便宜而瘋狂地大肆採購些多餘的物品，否則即使多買的支出沒有超過賺得的便宜金額，也算是一筆額外的費用，這樣就失去了購買二手貨的意義。

　　舉個例來說：若在二手商品店以80元購得市面價值350元的商品，可是當中包含了30元的多餘商品，即使這些金額並沒有超過270元的價差，但是這筆額外支出就等同於多花了30元的費用。

　　各位想想，平時購物時要從優惠當中賺得30元差價，得多麼地斤斤計較，可是在面對超值的便宜價位，卻可以隨

隨便便就花掉這幾個銅板，這樣辛辛苦苦省下的金錢就這樣消費出去，生活開銷就這樣在一進一出之下，沒有任何的好轉。所以即使是便宜的二手貨，購物前仍然要經過三思才行。

即使是便宜的二手貨，也要愛惜物品

除了二手貨以外，10元商品也同樣是令人風靡的超低價位，不過由於東西便宜，造成了許多浪費的現象發生，因此產生了「10元商品理論」，內容就是倡導大家不要購買10元商品，因為價位太過便宜，所以導致不懂得愛惜物品，容易使用錯誤的方式而導致易壞或是遺失。

若是購買一般價位時可能會心痛，但是因為是10元的便宜商品，所以就會產生『反正才十元而已，再買就好了』的僥倖心態，而讓物品的使用期限縮短，結果在無意間造成比一般價位更花錢的反效果產生。

當然，同樣低價位的二手貨，也適用於這個『10元商品理論』。不過，就如同會員卡的理論一樣，我認為只要克服其中的缺點，不用連帶將其他優點給全盤捨棄，

雖然低價位容易引起人們不愛惜，但物品的損壞也是在所難免的，若是購買的是一般價位的商品，不只損失了其價

格，還得在花同樣的金額買個新的，同樣得花2倍的金額，可是像10元或二手貨商品，損失的金額就不至於那麼多。

作者我以前最常弄壞的東西就是利可帶，小小的一個物品一不小心就會摔落在地，偏偏裡面的細帶又長又難纏，往往用不了多久三十多塊就這樣浪費掉了。

重新購買新品這樣總共花費了六十多塊的金額和價值，後來使用低價位的，即使又弄壞了再買新的，荷包也不至於大失血，所以只要不是易壞的爛材質，我並不認為蓋買便宜貨有什麼不好。

購買二手商品的注意事項

只是，二手商品畢竟是他人不需要的物品，所以並不像一般商店，想要買什麼就能夠買到，而且商品的狀況也不見得完好，得確認自己可以接受二手貨的NG處，這是購買二手商品時需要多加注意的地方。

另外，二手商店除了可以購買到超乎所值的價格，也可以將家裡不需要的雜物托售，雖然二手價格低廉，但是比起丟棄完全賺不到半毛錢相比，這樣的收入也不無小補。

　　而且，若以市價購得的商品以二手價格托售，和購買二手商品後再托售出去，其報酬率又有不同，比方說：若以市價200元購得書籍，最後用70元的二手價託售出去；和以100元購得二手書籍，最後以70元價格再托售出去，其報酬率就相差許多了。

　　要大幅降低生活開銷，除了貨比三家外，大家也可以考慮使用二手商品，用二手價來控制家中支出。

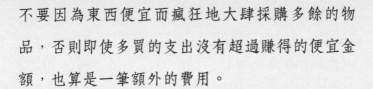

小叮嚀

不要因為東西便宜而瘋狂地大肆採購多餘的物品，否則即使多買的支出沒有超過賺得的便宜金額，也算是一筆額外的費用。

找親朋好友團購，
賺批發折扣

不想要一次買多量的商品，又想要賺商品折扣，
到底有沒有一石二鳥之計可以解決這個難題呢？

在進入正題之前，先讓我們看看下列案例：

因為家裡的洗髮精快用完了，所以汪媽媽一早就來到附近的量販店購物，剛好該款的洗髮精正值買三送一的優惠，算下來平均一瓶的價格比其他家的都要划算許多。

雖然說洗髮精是可以存放的用品，但是汪媽媽實在不想要一次購買這麼多佔空間，但是又捨不得這麼大的優惠，左右難以取捨的她站在架前煩惱不已，最後還是受到價格吸引，一次買了三罐洗髮精回家。

　　如果換作是你，有沒有更好的解決辦法呢？

　　上述案例的情況想必很多人都曾經遇到過，雖然不需要那麼多的數量，卻會被大量購買的商品折扣給吸引，導致多消費了原本預定的購物內容。

　　如果是洗髮精之類可以存放，又經常使用的高消耗品也就罷了，但是若換作較短保存期限的商品，就有可能發生過期的疑慮，因為來不及在期限內食用而丟棄，原本為了撿便宜而賺取的優惠就會變成荷包漏洞，最後損失的更多。

　　舉個例來說：

　　蘇媽媽為了賺取買二送一的優惠，買了共三大包的泡麵，比預定多買了一包泡麵包，平均下來總共獲得50元的商品折扣。

　　可是蘇媽媽沒有注意到保存期限，導致兩大包的泡麵過期，反而損失了兩包泡麵的價格共100元，到最後蘇媽媽非但沒有賺到優惠，反而還倒賠了50元。

　　任何商家對於大批購買的數量都會有較多的折扣，對於普通小家庭來說，根本就不用一次購買這麼多數量，但是其優惠又是那麼地誘人，到底有沒有可以不用買這麼多，卻可

以得到批發折扣的方法呢？其實，各位可以運用團購的原理，湊齊其他購買者分攤，然後針對數量和總金額進行平均分配，這樣每個人都可以賺取到商品折扣，又可以免於囤積的壓力，可說是一舉兩得的辦法。

舉個例來說：

小海常用的化妝水在進行第二件半價的優惠，可是她並不想要一次買到兩件，這時小海向其他朋友詢問，剛好有個朋友最近要購買該牌的化妝水，於是兩個人就一起合買，然後平均這筆折扣。

該牌化妝水若以單瓶購買，需要花上150元的費用，但是和朋友平均第二件六折的折扣後，單瓶價格縮減成120元，一共省去了30元的生活開銷。

說到省錢，賺取商品的折扣是基本的方法之一，不過要賺取優惠價可不是那麼容易，商家通常會設下許多的限制條件，要破解這些限制除了多掏點錢以外，還是有其他辦法。

以一開始的案例為例，要破解以數量為限制的條件，就必須運用相當的人脈，召集限定的購買數一起來賺得折扣，和店員打好關係也同樣是人脈關係的表現，所以，看似和省錢這件事毫無關係的人際關係，都能成為賺取優惠的一環。

　　仔細想想，因應各種的省錢辦法，所需要的技能也非常多樣化，殺價所需要的口才能力、團購所需要的人脈關係、比價所需要的計算能力……等等。

　　省錢是一門很大的學問，需要透過不斷地學習，才能夠從中找尋最適合、較有用的辦法出來，來補救逐漸扁平的荷包。

　　隨著環境的不同，適合大家的省錢招數也不盡相同，希望作者我的省錢經，能夠為大家帶來實質的幫助，一起挽救逐漸流失的金錢，共勉之。

小叮嚀

　　說到省錢，賺取商品的折扣是基本的方法之一。

Memo

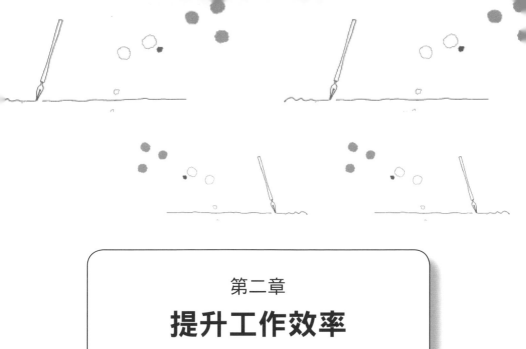

第二章

提升工作效率

了解自己最有活力的時間，就是你的「黃金檔期」。

妥善管理工作的8小時

除非是一種非自己的工作屬於單獨作業不然當主管在檢視工作成效時，往往是以「團隊」或「部門」為單位。

一、工作分配，是提升效率的核心

除非是一種非自己的工作屬於單獨作業，例如業務，不然當主管在檢視工作成效時，往往是以「團隊」或「部門」為單位。因此工作職場常常發生這樣的狀況：明明案子之所以能完成，都是靠自己不眠不休找資料、作報告、寫結案，可是最後怎麼被表揚的都是別人？

這些看在苦勞付出者的眼中，又是多麼情何以堪？員工最後難免衍生忿忿不平的情緒，當然很難對公司及工作產生

凝聚力，還很可能因此導致部門內的派系鬥爭。而最嚴重的，莫過於大部分上班族都相信「努力付出就應該有成果回收」的潛規則被打破──既然多做並不會有比較好的報酬，又何必那麼積極？

所以想當然爾，不論是團隊或個人的工作效率，都會因此無法被提升，是不論主管或員工都不樂見的情況。所以當工作臨頭時，該如何有效分配工作，不只考驗主管的學問，也能趁機觀察員工能否勇於扛起責任。

術業有專攻

以一間餐廳為例，我們很少看到服務生負責兼任廚師，一方面是因為就算服務生烹飪技術如何精進，都不如廚師來得專業；二方面則是廚師對於火侯、調味的拿捏更有經驗，所以一道僅需十分鐘就可以送上桌的餐點，服務生可能需要十五分鐘才能完成。

餐廳的營運如此，職場工作亦如是。尤其越複雜的工作，越需要清楚的分工。像是電影的上映，必定集結眾人的努力，包括製片、導演、美術、剪接、攝影、燈光、演員、梳妝、配樂……等等。

如果讓美術負責配樂，豈不是本末倒置？所以遇到新工作的挑戰，不妨先靜下來思考該如何切割成細項，並交由適合的人負責，才有事半功倍的效果。

73

權責分配清楚，避免工作重複

工作被清楚畫分的另一個好處，就是可以避免同樣的事情被一做再做。許多人遇到看似困難的工作時——例如一份數萬字的結案報告，基於減輕員工或同事的負擔，便交由一個以上的人負責撰寫。

雖然出發點是好的，可是一旦這幾位被指派的人沒有將彼此應該負責的範圍討論清楚，除了很可能發生大家都重複寫了同樣章節的情況，每個人交稿的時間還不一樣，延宕大家的工作行程，浪費彼此寶貴的時間，而且最後還需要再挑選一名代表彙整眾人的報告，導致工作效率的低落。所以分派工作時，務必詳細解釋希望對方完成的任務及期限。

工作分配是勇於扛起責任的表現

許多人為了維持自己的好關係或好形象，即使公司指派了不應由自己負責、或是自己並不擅長的工作時，往往摸摸鼻子自我安慰：委曲求全，以和為貴。

偶一為之或許還可以，但如果是常態性的分配錯誤，不要再吝於啟齒，直接告知主管，或是將工作交給真正善於處理此類事務的同事。

否則長期下來，不但會讓心理壓力遽增、拖累自己原本應該處理的「正事」，還會影響個人在主管或同事眼中的工

作表現。例如專營銷售的公司，本有其專業的行銷部門，卻要求從事末端銷售的自己擬定下一波的主打優惠。

雖然與客戶第一線接觸的就是這些人員，理論上應該最清楚商品的銷售狀況，但是當銷售量不如預期時，責任很可能會被推到原本不應該負責這些工作的銷售員身上。

責任的推卸不只反應出個人的道德與操守問題，一個越強大、越有效率的工作團隊，越不應該出現這種情形。因為既然可以不用負責，相對代表自己在執行工作的過程可以不需要那麼費心，最終成效想必也不會太好。

而清楚的責任指派，不只是一種「責無旁貸」的態度培養，也可以衍伸為公司讓員工學習如何對自己及工作負責的文化，才能有效提升工作效率。

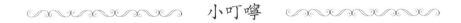

小叮嚀

當工作臨頭時，如何有效分配工作，不只考驗主管，也能趁機觀察員工能否勇於扛起責任。

擬定工作方向三大原則

工作的突發狀況往往讓人措手不及。雖然很難事先預防，但起碼要做到事到臨頭時，不會自亂陣腳。

面對總是做不完的工作，導致不得不無限加班或把工作帶回家，因此壓縮了自己的休息時間，而對工作產生厭倦嗎？

如果不是工作量太多的問題，那很有可能就是因為自己並沒有妥善地規劃「工作時間表」。

此處所指的「時間表」，並非紀錄何時何日做了甚麼事的流水帳，而是當主管指派任務給自己的時候，請先思考三個問題：

1.首先要做的是甚麼？

　　例如主管指派的工作內容是「提升本月的業績」，不妨思考該做甚麼才能達到目標，包括拜訪時常往來的客戶，提高單筆訂單的金額；在路上發名片，廣增客源；或是反向思考，可不可以與公司的行銷部門合作……等等，目的是為了確定工作的大方向。

2哪些工作是可以同時進行的？

　　在確定方向之後，進一步思考有哪些工作是可以同時進行的，用以提升工作效率。例如在外跑業務時，有沒有可能同時物色展示公司商品的場地？

　　或是沿用前述的例子，當自己決定以既有客戶為這個月的工作重心後，進一步拓展思考公司有沒有其他產品可以推廣？或是之前哪一位客戶曾對公司的商品有甚麼樣的建議？做好事前功課，就能在拜訪客戶時一併提出，當然會有意想不到的收穫。

3哪些是自己可以直接控制的因素？

　　許多工作的突發狀況往往讓人措手不及。雖然很難事先預防，但起碼要做到事到臨頭時不會自亂陣腳，所以應該盡可能把自己「能」與「不能」控制的因素清楚區分。例如向客戶推廣新產品時，一定要知道這項商品的優缺點，以免客戶詢問時啞口無言。不但會讓人感覺自己不夠專業，也會有損長期培養的形象與口碑。

了解自己
「黃金工作時間」

如果不是工作量太多的問題，那很有可能就是因為自己並沒有妥善地規劃「工作時間表」。

晚上沒睡飽，早上到公司總是昏沉沉？

還是午休剛起床，整個人還沉浸在朦朧的睡意中意識不清？

想要提升工作效率，當然要避開這些危險時段，學習掌握個人的黃金工作時間，否則小心工作越做，錯越多！

基於每個人的生活作息都不同的關係，有些習慣早起的人，頭腦在清晨的時候最清楚，那麼不妨趁這段黃金空檔大

致思考今天的工作內容及順序，待進公司與主管確認、收過電子信箱後再進行詳細的確認與執行。

如果是頭腦越晚越清醒的「夜貓族」，當然就要把握夜深人靜時工作，因為沒有人想要在自己腦袋亂成一團糨糊的時候處理複雜的任務，因此了解自己最有活力的時間，就是你的「黃金檔期」。

至於其他不是那麼需要腦力的瑣事或是小事，留給像通勤這種零碎的時段，是善用時間、提升效率的不二法門。

小叮嚀

學習掌握個人的黃金工作時間，否則小心工作越做，錯越多！

省略打擾行程的小事

如何判斷事情的輕重緩急，就是自己的第一
步功課。

當自己終於靜下心，準備認真處理手邊的案子時，接二
連三的小事總是讓自己分心嗎？又，好不容易再次將工作重
點放回原本的待辦事項時，卻發現剛剛培養的思緒已經「一
去不復返」了嗎？

如何擺脫那些會影響今日行程的小事，就是提升個人工
作效率的祕笈。

1.關掉無謂的干擾

因應現代幾乎人手一支智慧型手機的新生活型態，許多app程式，包括即時通訊軟體（Line、Skype、What's app……等等），或是手機遊戲的通知聲，都是會影響人們專心工作的干擾。

既然都決定靜心認真工作了，不妨把這些通通關掉，只把工作時間留給最重要的人，像是同事、主管或老闆。

2.固定時間收發e-mail

電子郵件儼然已經成為現代人不可分割的工作好夥伴，因此每天收到數十封e-mail這樣的情況，幾乎可以說是每位辦公室人員的工作常態，所以也有人養成三不五時就點開信箱，看看有無新信的習慣，這樣的行為固然不會錯過任何訊息，但不論訊息是來自公司內部或客戶，通通必須照單全收，因此也會讓一些真正重要、亟待處理的要事被忽略。

建議不妨讓自己養成固定時間收發e-mail的時間，例如早上剛到公司的時候，以及午休過後的下午兩點，並藉機過濾具有時效性或茲事體大的信件，再列入今天的工作事項，才不會讓它們成為打擾自己專心工作的不定時炸彈。

至於那些只是轉寄好笑文章的垃圾信件，還是留待下班後再好好享用。

3.事情要分輕重緩急

公司預定下午開會，需要彙整的報表堆積如山。可是偏偏同事又在討論自己必須處理的另一件案子……兩邊都是重要的工作，讓人左右為難、不知是好嗎？那麼如何判斷事情的輕重緩急，就是自己的第一步功課。

早上剛到公司，收過e-mail、聽完主管的交辦事項後，剔除比較沒那麼緊急的工作，或是明天再處理也可以的事，基本上就已經可以列出一張今天有哪些該做的工作清單。

當然，清單上的工作是否能在今天順利完成是另一回事，但重點是讓自己在心態上做好處理這些事的準備，還可以順便確定今天一整天的工作方向，而不至於兵荒馬亂。

回到前述的例子——既然下午要開會，如果時間上不是很緊急的話，與同事討論工作當然無妨；反之，當然要優先整理會議需要的報表，因為與同事的討論可以擇日再議，而非一定要在這種時候占用自己的寶貴時間。並不是說同事或案子不重要，而是兩相權衡之下，此時參與同事的討論並非明智之舉罷了。

工作倒推法

該如何完成一件工作，通常都有既定的流
程。如果可以針對這些行程一步步倒推，就
能排出完美的行程表。

面對主管的交辦事項，常常不知道該從哪著手，因此感
到工作挫折感很高嗎？其實未必是工作真的很困難，通常最
大的問題是出在自己並不知道該如何安排時間而已。

該如何完成一件工作，通常都有既定的流程。如果可以
針對這些行程一步步倒推，就能排出完美的行程表。

例如網路上曾經流傳一篇文章：美國一位並不精通音樂
的素人，預計五年內出一張自己創作的唱片，聽起來多麼癡
心妄想！

不過根據他的時間推算，至少必須在第四年聯絡唱片公司、著手錄音；第三年的時候就要準備好自己的音樂創作，那麼第二年就要潛心學習如何寫歌譜區，所以在此之前——也就是處於「現在」的第一年，起碼要學會一種樂器，原本看似遙遠的夢想，竟然就這樣在突然間變得可能。

所以如果把這樣的方法套用在工作上，當然能幫助我們完成更多「不可能的任務」，而且因為這種倒推法已經排出了許多細項工作的截止期限，若能在時間內將工作逐步完成，也會成為推進自己努力工作的成就感。

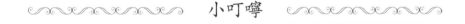

小叮嚀

做好事前功課，就能在拜訪客戶時一併提出，當然會有意想不到的收穫。

改頭換面，
就從改善惡習開始

明明自己每天準時上班，可是到底為什麼該
做的事情總是做不完？而且還感覺重複的事
情一做再做？

　　這些看似上班生活中屢見不鮮的事，其實都是導致個人
工作效率低落的隱性原因──畢竟時間是如此寶貴，如果因
為工作效率不彰而壓縮了私人時間，只會讓自己陷入工作做
不完的惡性循環，又怎麼能提升個人績效？

　　所以務必養成良好的工作習慣，提升個人競爭力！

一、避免無謂的會議

　　「開會」是公司將員工齊聚一堂，讓各部門平行交流，
或是讓員工針對某個主題發表個人意見的方式，例如常見的

周會、月會，以及部份創意工作的腦力激盪會議。不過一旦會議開得太頻繁，不但會占用員工處理手邊工作的時間，不得不犧牲私人時間完成公事，也會讓人疲於準備會議資料，久而久之就會對工作產生龐大的無力感。

因此不妨翻閱個人過去一個月內曾經參與的會議，並給予一至五分的評分標準。如果認為會議對自己的工作非常有幫助，給五分；覺得完全無法產生作用的，則以一分計。藉此統計出的結果，可以讓身為召開會議的主管們檢視有哪些會議是可以省略的，提升下屬或員工的工作效率。

另外，除非是刻不容緩的要事，不然最好能盡量避免臨時召開會議。不管會議的目的是甚麼，員工都需要時間才能準備充足的資料，會議才能開得更有效率及建設性，否則只是徒然浪費大家的時間，完全喪失會議的功能。

二、別讓自己變成「差不多先生」：準時

上班準時是基本的倫理道德，不過這裡所說的準時，意指「對時間精準度」的拿捏。

許多上班族必定都有過這樣的經驗：原本說好下午兩點開會，可是因為主管與其他高層的會議還沒結束，因此開會時間一延再延。雖然會議晚個幾十分鐘再開也沒關係，但長久如此，只會讓大家習慣於「時間」的延宕，當然就無法要

求工作效率的精準了，例如原本預計這周必須繳交的報告，很可能因為這種類似「差不多先生」的心理因素，而覺得遲個一兩天再交也無所謂。

莫說小事如此，當事情堆積如山的時候，真正應該被完成的大事不只會因此被耽誤，還可能因為與時間賽跑而交出不夠漂亮的成績單——就像我們催促裝潢的工班師傅盡速完工一樣，對方又怎麼可能在時間壓力下顧得了品質呢？

三、提早暖機30分鐘

有些人習慣比別人晚30分鐘下班，好處之一是可以避免下班的擁擠人潮，另一方面是比別人多了半小時處理公務，想要提升個人工作效率，不妨用同樣的道理看待「上班」——每天提早30分鐘上班，好處遠比晚一點下班還多。

每個人多少都有遲到的經驗，所以我們可以回想起床時發現鬧鐘的時針早就超過上班的時間，自己是如何焦躁不安；不只原本應該愉快的工作心情被破壞殆盡，連今天的工作行程也被耽擱。

相較之下，準時抵達辦公室這種看似稀鬆平常的小事，實是幫助我們掌握個人工作節奏，以及營造整天好心情的重要推手，更遑論提早半小時上班，可以給自己更充足的時間做好面對工作挑戰的心理準備。

想像自己在交通還沒進入尖峰期搭上公車或捷運，就不用因為分秒必爭而讓一大早的心情陷入焦慮，還多了一份悠閒得以好好觀賞城市美景。

進入辦公室後，吃完早餐還有多餘的時間泡杯熱咖啡、幫桌上的盆栽澆水、與同事互道早安、沉澱個人思緒，以及整理工作的大小事，並在今天逐一完成——如此完美的一天，不僅可以幫助維持良好的工作心情，即使突逢巨變也能從容面對，還因為提早條列代辦事項的關係，能讓自己知道今天的方向，工作當然更有效率。

四、隨手紀錄好習慣

有時候工作就像打仗：突然間不分輕重緩急，事情全都一股腦地派到自己頭上。除非是馬上必須處理的公事，不然大部分人習慣先將簡單的小事解決，其他留待日後再慢慢消化。不過由於這種突發性的狀況，很容易讓人變得心浮氣躁，腦袋的思緒當然就沒辦法像平常那樣有條不紊。

所以很可能當自己處理完小事之後，便因此忽略或忘記了某些更重要的大事。而「隨手紀錄」這樣的動作，就是提升個人工作效率不可多得的好習慣。

勤作紀錄的目的，是為了提醒剛結束上一段任務的我們，迅速將專注力聚焦於下一個目標的方法，而且因為紀錄

可以幫助我們的大腦加深印象——就像求學時的國文默寫，有人習慣以重複抄寫代替課文背誦一樣，所以比較不容易忘記代辦事項。

　　例如日積月累的公帳發票，一旦錯過請款期限，先前代墊的費用只能自行吸收，如果工作忙碌的自己常常忘記在期限內報銷，不妨透過這樣的習慣加以提醒，所以不論是在辦公室，還是通勤時靈光乍現想到的事，最好都可以馬上將重點紀錄下來。

　　既然是筆記，當然不限於文字或圖像，尤其對部分創意工作者而言，這樣的作法反而更能幫助我們將腦海中原先模糊的想法「具象化」讓思路更清晰，不過如果是以文字筆記的話，盡可能不要三言兩語簡單帶過，越清楚詳盡越好。

　　此外，因為許多人的工作並非一直待在辦公室，隨身攜帶紙筆的困難性較高，所以此處所指的紀錄，並不是一定要用便利貼或便條紙。

　　像是手機的「筆記本」功能，或是可以設定時間的鬧鈴，都是拜現代科技所賜的好幫手，當然，如果自己的工作必須常常與網路為伍，那麼像「Read It Later」的程式就是可以善加利用的工具。

五、休息，是為了走更長遠的路

　　根據專家學者指出，「適當的休息」是可以讓我們在工作與個人身心健康取得平衡的重要方法。因此不論你是可以工作到廢寢忘食的工作狂，或是習慣將公務帶回家處理的專業人士，最好能養成適時休息的習慣，才能讓自己工作「越來越有勁」。

每隔40分鐘的適當休息

　　雖然說專心工作是好事，而且因為個人專注力的極度聚焦，往往工作成果也較有效率，但有些人常常一工作就忘了時間，不只對人體健康十分具有殺傷力，長時間如此，工作效率反而會因此低落。

　　每工作35到40分鐘就可以休息5至10分鐘的上班人士，相較於那些沒有休息時間的人而言，因為生理與心理得以恢復工作時的疲累，後續的專注力及工作效率反而會更突出。因此建議不論是久坐的上班族，或是長時間勞動的服務業，最好都能養成這樣的習慣，是可以有效提升工作效率的撇步。

公私分明，有效舒緩工作壓力

　　面對臺灣「上班打卡制，下班責任制」的現象，有些人寧願折衷將工作帶回家處理。雖然居家的工作環境的確會比

辦公室來得舒適，例如可以一邊聽音樂工作，或是疲勞的時候瀏覽網頁也不用擔心被主管認為自己在打混摸魚，但是因為這些因素都很容易中斷工作時的專注力，而且許多人回到家，很少能維持高昂的工作情緒，因此把工作帶回家能否有效提升效率，大部分的專家還是抱持否定的態度。

不過這並不是說努力工作是一件壞事，而是因為「下班」是可以讓我們緩和個人情緒的分水嶺。

一個人如果長期處於工作的情緒，不只心態上容易疲累，工作也很難提起精神、積極處理；甚至會因為心理影響生理的關係，讓身體健康亮起紅燈，諸如偏頭痛、腸躁症……等等。

除了上下班時間最好能有明顯的區分之外，也因為現代人工作的關係，每天都花很多時間與電腦為伍，深陷「非1即0」的世界，久而久之，腦袋當然很容易僵化。

因此如果狀況允許，建議可以善用下班時間做些非數位化的事，例如閱讀，或是花錢上一些自己有興趣的課程。其他像是運動、旅行，則可以加強個人的感受及專注力，還能維持身體健康，是遠比直接提升工作能力和效率更重要的事。

增加執行力

想要一口氣解決工作上瑣碎的事務，這些煩惱，就看自己平常有沒有養成「保留舊作品」的好習慣。

一、重複利用既有的舊作品

既要負責舊企畫的報告，還有新提案的簡報，以及其他做不完的報表嗎？想到這些堆積如山的待辦事項，自己又不是無所不能的超人，因此感到頭痛而且不知如何是好嗎？想要一口氣解決這些煩惱，就看自己平常有沒有養成「保留舊作品」的好習慣。

大部分人的工作都有著既定的模式，以從事活動企畫的人來說，步驟多為準備提案、撰寫企畫書和預算、製作簡

報、得標、執行企劃、結案。由此可看出，前置作業是相關
人員在辦公室最忙的時間點，所以除非是第一次從事工作的
社會新鮮人，只要是有過相關經驗的上班族，都應該有企畫
書或預算表這樣的檔案。

　　因此當類似的工作出現時，只要以這些舊檔案為藍本稍
事修改，就可以迅速做好新企畫所需的資料，是想要提升個
人工作效率，一定要學起來的實用技巧。

　　雖然對於少部分的完美主義者而言，重複的東西不停被
拿來回收再利用，並不符合他們心目中「完成工作」的標
準，但畢竟每個人每天就是只有二十四小時，能負荷的工作
量始終有限，因此與其要求100分的工作水準，不如退一步將
標準放在80分。

　　否則為了那區區20分的差別，很可能就要花上自己好幾
天，甚至一、兩個禮拜的時間，因此站在投資報酬率的角度
來看，實為不智之舉。再加上很多工作都有時效性，所以除
非時間充裕，不然建議保持「先求有，再求好」的心態，才
能把自己的工作效益發揮到最大。

二、別用e-mail討論，拖垮工作進度

電子郵件因為縮短紙本書信寄送的等待時間，讓工作處理變得更為即時，對於公司行號來說，還省下了可觀的郵資支出，因此一躍成為現代人在工作上不可或缺的好夥伴。

不過可能也因為這些特性，讓不少上班族逐漸養成用電子郵件討論公事的管道，卻不知道自己的工作效率就是因此被拖累的。

當工作上出現需要「討論」的事項時，傳統的公司作法多以「會議」為眾人發表意見的管道，好處是可以一次性地掌握執行的重點或方向，缺點是必須占用大家的工作時間，而用e-mail討論工作的方法，雖然的確改善了會議的缺點，卻很容易因為「你一言、我一句」的書信來往，讓公事變得難於處理。

例如「公司該如何改善既有的產品，以期提升銷售量」這種較為開放性的議題，每個人都會提出不同的建議和做法。再加上眾人收信的時間點都不盡相同，很可能早上十點的建議，被下午兩點才回覆的電子郵件所反駁。

因此就算特別指派某個人統整這些意見，仍然不如直接開會做會議記錄來得有效率，所以還是別把e-mail當作工作的

萬靈丹為妙。不過如果只是用於轉達少數人才必須知道的訊息，例如向主管報備自己的工作進度、請求主管指示，或是詢問客戶使用公司產品的意見，只要在正確的條件限制下，e-mail的確可以發揮所長，對工作上產生莫大助益，有效提升個人的工作效率。

三、別再一心多用！一次只做一件事

自己在辦公室正忙碌地準備稍晚會議的資料，還要回覆客戶的e-mail，突然有外線電話要接，又要指示公司的新進同事如何做結案報告……當個三頭六臂的超人或許會讓人覺得很神勇，而且感覺自己的工作表現很好，卻是讓工作效率低落的原因之一！

美國猶他州立大學曾經做過這樣的實驗：他們找了310位學生，一邊請他們記憶單字，一邊問他們簡單的數學問題。即使有超過70%的實驗者堅信自己有超乎常人的「一心多用」的技巧。

但實際的測驗結果，卻是這些被分散注意力的人，所得的測驗分數遠低於那些專注於單一任務的學生，因此可以確知：當外在周遭不停有其他事情打擾自己的時候，難免會降低個人專注力。

同樣的結果也發生在工廠：那些習慣一次做很多事情的工人，相較於一次只做一件事的人，產量比他們少得多，這就像畫家在創作時，不太可能另一邊還在與人高談闊論。

　　或是有些公車會在車廂貼出「禁止與司機聊天」的告示牌，也是同樣的道理。所以戒掉當「超人」的壞習慣，改以養成將手機的即時通訊系統關機、固定時間檢查e-mail……等習慣，都是將工作聚焦、提升個人工作效率的好方法。

四、工作，就是要做好最壞的打算

　　這裡的意思並不是說鼓勵自己當個悲觀的人，認為所有事情都會往不好的方向發展；而是在著手進行某一項工作前，最好能預設所有的情況，並務求自己在各方面都有所準備，才能「以不變應萬變」，而不會面臨突發狀況的時候不知所措，當然就不用花時間把工作從頭再做一遍。

　　例如向客戶提案的時候，如果可以事先預設客戶會問哪些問題，並針對這些重點演練該如何回應，那麼就算客戶再怎麼刁難，都會在個人的掌控中。

　　與毫無準備或準備不夠充分的人相比較的話，不但可以營造個人的專業形象，二來還可能因此締造個人佳績，成為主管或老闆眼中不可多得的好人才。

五、做事一次到位

自己是否有過這樣的經驗？明明準時交出主管交辦的工作事項，結果成品卻總是被一而再、再而三的退回重做呢？因為原因很可能就出在自己根本沒把事情做好！

曾經網路上流傳這樣的故事：老闆請了兩位秘書，一位是做了多年的秘書A，另一位則是上班剛滿一年的年輕秘書B。適逢公司考核，A發現B加薪了，自己的薪水卻是不動如山，一怒之下便向老闆表達不滿。

結果老闆非但沒有生氣，反而氣定神閒地說：「大家都說秋蟹最美味，剛好中秋節快到了，今年我想買螃蟹送給幾位重要客戶，妳幫我查一下螃蟹價格吧。」

A很快地向老闆回報「螃蟹一斤300元」的結果。老闆聽了之後說很好，還讚賞了幾句辦事效率很高的好話，然後又把秘書B叫進辦公室，交代了同樣的事。

過一陣子B走回辦公室報告：「螃蟹會依品質、大小和品種而有不同的價格，但是老闆您剛剛只說想買螃蟹，並沒有特別說明想買哪一種，所以經過我的查價後，花蟹每斤XX元、紅蟳每斤XX元、處女蟳每斤XX元。如果您想送客戶更好的螃蟹，帝王蟹或沙公是不錯的選擇，但價格偏貴，每斤

約XX元。此外，以上各種螃蟹的廠商資訊也都查好了，您只需要挑一種您認為可以的品種就能馬上訂購了。」

聽完報告的老闆點點頭，向坐在對面的A說：「現在妳知道為什麼她會被加薪了吧？」

故事中的A雖然完成了老闆交代的事項，但很明顯的，她只是基於一種「交差了事」的心態來做這件事。反觀一樣完成了工作的B，卻做出全盤且更為詳細的分析，所以工作是否能讓老闆或主管滿意，就看自己能否花更多的心思，讓事情一次到位、無可挑剔。

否則同樣的一件事老是一而再、再而三地重做，不只會打亂自己今天的工作行程，心理上也容易因此感到不耐煩，甚至有可能產生「主管在刁難自己」的錯覺而心生不滿。當然最嚴重的影響，莫過於主管對個人工作表現的觀感，例如做事總是懶懶散散、不夠細心或粗枝大葉。

而且既然工作臨頭，是無論如何也無法推卸的責任，因此建議用這樣的心態面對挑戰，不但有助於提升個人的工作效率，也能讓主管對自己刮目相看！

辦公桌整理有一套

如何整理辦公桌，也是提升個人工作效率的
好方法。

一旦工作忙起來，很少有人的辦公桌可以維持一貫的的
乾淨整潔，所以別說要用的卷宗一時三刻找不到，很可能客
戶一通電話打來，連想要註記對方交代事項或聯絡方法的原
子筆和便利貼都找不到。

而且就算再怎麼提醒自己事後一定要記得，我們也不可
能將早已堆積成山的諸多事項熟記於心，難免影響自己的工
作表現，所以如何整理辦公桌，也是提升個人工作效率的好
方法。

高效率辦公桌，step by step

把握斷、捨、離的原則

已經用不到的東西，當然必須盡可能不要出現在辦公桌上。除了可以把省下來的空間放置與辦公相關的重要物品，還可以讓辦公桌看起來更整齊，讓人工作的心情變得更好。

例如已經結案或過期的檔案，如果確認已經不再需要這些紙本，可以直接丟進公司的紙類回收箱；公用的物品諸如信封、膠帶台，請直接放回原處；該還同事的資料夾，也馬上還給對方，只需要留下用得到的物品或備品，像是牛皮信封、茶杯……等等。

小文具代替大型文具，還給辦公桌乾淨空間

例如舊式的膠帶台不只占空間又笨重，許多廠商們因此發展出更輕便小型的膠帶台。兩者功能不但一模一樣，後者還可以收到抽屜裡，而非一定要放在辦公桌上才可以，當然就能省出不少辦公桌的空間。

同心圓原則──最常用的物品離自己最近

以自己為圓心，畫分出自己在辦公桌中拿取物品最近、而且最順手的位置，並將常用的辦公用具放在那裡，像是筆筒、釘書機、剪刀、膠帶、便條紙……等等。如果是比較不常用的東西，當然就可以放得遠一點，以此類推。

物以類聚的原則

　　辦公用品中不乏散落的小零件，例如訂書針、迴紋針或燕尾夾，最好能用小盒子將這些東西裝起來，並固定擺在同一個角落，方便下次使用時拿取。

固定用品放在相同之處

　　別說是在辦公室，就算是在自己家裡，也常常有找不到要用的物品的困擾。尤其是在需要講求效率的工作場合，務必養成眾多物品放置的在固定地方的習慣，需要的時候就不用東翻西找，有效提升工作效率。

這裡也不能忘記！聰明的抽屜收納

　　光是整理辦公桌還不夠，尤其是現代幾乎可以說是辦公室基本配備的抽屜，如果裡面亂糟糟，東找西找一樣會浪費時間。因此以三層的抽屜為例：

　　第一層抽屜根據同心圓原則，以收納最常用到又容易散亂的東西為主，例如印泥、印章、名片、各色便利貼……等等。至於剩下來的空間，不妨加工A4紙箱，成為抽屜裡放置廢紙的紙盒。

　　一方面可以充當便條紙，另一方面是需要影印的時候，不用再浪費紙張，直接將這些舊有的廢紙回收再利用即可。

第二層抽屜可以放一些較少用的辦公文具，像是信封、光碟片……等等，或是女性的貼身私人物品，諸如衛生棉，以免被同事拉開第一層抽屜看到的窘境。

　　此外，許多上班人士都有準備零食的習慣，所以除非公司有配給額外的置物櫃，不然像麵包、餅乾、泡麵這類的東西放在此處為宜。

　　由於大部分辦公抽屜的第三層多為深且高，因此像卷宗類的物品最適合放置於此。不過為了增加翻找時的效率，平時最好就能養成整理的習慣，像是分門別類擺好，或是善用各色標籤註明，千萬不要隨意收藏，不然根本無法提高工作效率，還要另外找時間歸納卷宗，最後甚至可能根本沒有心思整理。

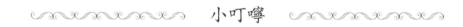

小叮嚀

卷宗類的物品平時最好就能養成整理的習慣，或是善用各色標籤註明，千萬不要隨意擺放，不然根本無法提高工作效率。

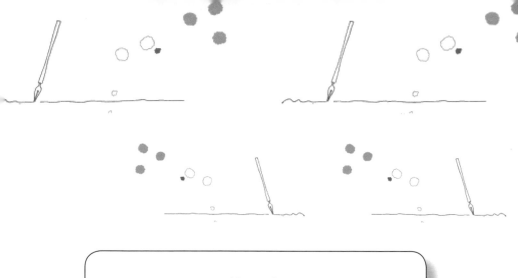

第三章

贏得同事的尊敬

總而言之，先把自己打理好，不管從外在的穿著打扮，讓人看起來舒適，易於親近。

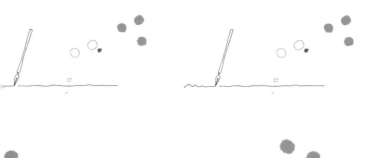

從自己做起

工作上難免會遇到不如意的事情，不抱怨發洩一下也太對不起自己，但請別把喜怒哀樂都放在社群網站上。

打點自己，不管是外在或內在，從儀表到衣著，從生活作息到網路空間，先將私人生活做好，自是贏得同事們尊敬的第一步。

先從外表談起吧，人的美醜是天生遺傳，除非你存夠了一大筆錢，改變自己原本平凡的外貌變成亮眼的明星。如果沒有，人縱使不美，可是還是可以把自己打扮得很美。怎麼說呢？

　　先換個角度想一想，如果是你，你會接近一個頭髮油膩、滿身臭味、衣服沾滿污漬，看起來像幾天沒洗的人嗎？當然不會，你只會嗚著鼻子躲得遠遠地，連帶想這人是怎麼了，不會把自己整理乾淨嗎？

　　以現代人的標準來看，長得漂亮或是帥的人在面試工作時，贏得職位的比例比普通長相的來的高許多。但，換個角度講好了，如果一位帥的像明星般，卻衣著邋遢、蓬頭垢面，無論在任何場合，絕對不會受歡迎的。

　　所以，如果你是一位男士，除非你是應徵藝術類或是創意類的工作，不然請將頭髮整理乾淨，將五官露出來，一般公司行號還是無法忍受奇裝異服的，女性妝髮得宜，而且切記最好將好身材隱藏起來，暴露過多只會為自己招來麻煩。

　　再來就是平常上班的衣著，如果公司文化是需要穿制服，不管是男士或是女士，切記，現在網路許多分享都在教如何洗乾淨這些難洗的部位，白色襯衫尤其是領口跟袖口，如果泛黃就讓人觀感不好。

　　回到家先別的想要休息，花點時間浸泡一下衣物，隔天才能乾乾淨淨的出現在公司同事面前。如果公司是企業集團式，襯衫跟西裝褲或是套裝，絕對是較安全的穿法。

如果公司是以便服為主，就別袒胸露背了，畢竟台灣還是跟外國不一樣，能接受性感的衣物之老闆並不多，對自己身材沒自信，就別冒險這麼穿了。

　　再來是鞋子等配件，切記，炫富是一件很要不得的事情，如果工作了一陣子，犒賞自己買了個名牌包、名牌鞋或名牌錶，也別在同事面前大辣辣的秀出來，畢竟亞洲人的習慣還是低調點好，太高調只會引人注目，尤其又有比老闆或上司更高級的物品，將會招人妒忌，變成別人眼中釘。

　　進入二十一世紀以後，網路已經成為現代人不可或缺的必需品，尤其進入手機智慧型的戰國時代，人手一機就是人手一世界，應運而生的社群網站、論壇隨時都能分享自己的生活，同樣的也將自己赤裸裸的暴露在社會大眾之前。尤其智慧型手機、行車紀錄器等等錄影功能愈發進步，讓人人都能變成八卦記者。

　　不管你是不是網路重度使用者，你身邊絕對存在著喜歡使用社群網站的人，人肉搜索變成網友將人定罪的私工具。

　　如果你是重度使用網路分享的人，千萬別將個人的情緒發佈在任何網路動態上。工作上難免會遇到不如意的事情，不抱怨發洩一下也太對不起自己，但請記得只跟不相干的朋友、家人說，他們會理性幫你分析，順便同仇敵愾的跟著你

一起咒罵一番，別把喜怒哀樂都放在社群網站上。

記得，吃喝玩樂在人際交友上，一定是安全的話題，尤其常貼上這類的動態，會讓人感覺你很懂得享受生活，知道哪裡好玩、哪裡好吃，爾偶可以分享自己最近念的書，做個簡短的講評，可讓人覺得你很有書卷氣，或是最近上映的電影，與最近只要一開放就報名額滿的慢跑運動等等。

但僅際一點，如果你尚未是公司高級主管，就別貼些高單價的吃喝玩樂行程，尤其你的社群網站上好友名單中有同事或是上司等，低調一點總是對自己有好處。儘量貼些快樂的文章，讓人感受到你正面的力量。

再來是，別吝嗇使用「讚」的工具，版主發表文章，都是希望將自己的喜怒哀樂分享出去，所以，點個讚鼓勵一下同事，或許不表示你認同，但卻也表示你看過了，儘量不要太常發表文章，成為重度社群網站使用者，會讓人誤認為你沉溺於網路世界，與現實社會脫節。

國外某位總理可以在任內辦離婚，更甚至娶了小自己多歲的女子，而法國人就只重視他總理的能力，但這僅只於在國外，在台灣，千萬別將你的私人生活帶進工作之中。台灣受儒家思想多年，應該說，亞洲人基本上都是這樣的思維，當你私生活出現問題時，連帶影響到你的工作能力。

舉例來說好了，一位老師因為家庭不睦，所以他出現了許多私生活脫序的行為，例如大量購物直至無力償還而開始向同事借錢，想當然爾，同事被後議論紛紛。

　　可是這位老師的教學品質並沒有改變，工作上一樣認真，但內部同事卻直接判定老師的教學能力出現問題。

　　事實上並沒有喔，一但將私人問題赤裸裸的暴露在同事之間，縱使很清楚知道自己並沒有影響工作，但同事卻將你的私生活跟工作混為一談。

　　我們都不是神，不可能沒有情緒，也不可能永遠都有辦法把笑容掛在臉上，家庭生活不順利，昨天跟男（女）朋友吵架，臉色跟浮腫的眼神隔天都藏不住，一定也會被同事詢問。如果淡定的說「沒事」，也太令人難以信服了，而且也讓同事認為你這個人不好親近。

　　其實不需透露太多，只說「昨天跟男（女）朋友吵架」，或是「家裡有些事」，記得別透露太多負面的情緒，工作時也儘量跟上頻平常的腳步，自然不會讓人把你跟私生活的不如意聯想再一起。

　　總而言之，先把自己打理好，不管從外在的穿著打扮，讓人看起來舒適，易於親近。別將私人情緒在工作時透露太

多，讓人看起來像個躁鬱症的同事，辦公事的不定時炸彈一般，就是做好贏得同事尊敬的第一步。

小叮嚀

炫富是一件很要不得的事情，太高調只會引人注目，尤其又有比老闆或上司更高級的物品，將會招人妒忌，變成別人眼中釘。

 # 小動作，大學問

要開口之前，先觀察周遭狀況，在適當的場合，
說該說的話，並且能主動的關心同事，謹言慎
行，小小的動作，絕對影響你的人際關係。

　　每間公司文化不同，當進入一間新公司時，如果你還是
新人，在不是你的主責範圍之內，就先別管那麼多，先把耳
朵豎起來，嘴巴閉上，觀察周遭的同事跟上司的互動，才是
萬全之策。

　　舉例來說，一間公司需要跟當地人配合，所以想當然
爾，當地人有些看起較不起眼卻是影響事情發展的人，但是
一位初來乍到的同事，在尚未搞清楚狀況的情況下，居然對
著當地人說了一些不恰當的言語，導致後來一連串與當地人
合作所衍伸的問題。

　　所以，觀察周遭的工作人、事、物是非常重要的事情，別讓自己還沒獲得認同之前，就在公司內部被貼上黑名單。所以，懂得觀察氛圍是很重要的一件事，尤其在同事感到沮喪時，食物是很撫慰人心的東西，不管發生甚麼挫折，或是遭遇甚麼樣的困難，吃的食物永遠會讓心暖起來。

　　所以如果你能在辦公室的抽屜裡，放些小點心、餅乾、巧克力等，就能發揮適時的效用。這跟贏得尊敬有甚麼關係。舉例來說，一位女同事只是自己愛吃，所以放了許多點心、糖果在抽屜裡。

　　某天坐隔壁的同事，被主管狠狠的罵了一頓，當然，非當事人，業務又沒有交集，多說一句只會讓事情更糟，與其這樣，倒不如將抽屜的巧克力拿出來，放在他桌上，讓情緒沮喪的同事破啼為笑，小關心大學問。

　　但請謹記，這樣的動作很容易造成別人的誤會，怎麼樣才不會讓人產生誤會，又能達到效果。如果你有出差，或是假日出去玩，記得帶個當地特產，也不需要多，一盒內有許多小包裝，讓辦公室同事都能享受到。

　　一個月帶個一、兩次，過多就讓人覺得矯情，有刻意巴結的感覺。當同事都習慣你會帶食物分享給大家時，自然從你抽屜拿出的點心，就不會太讓人感到意外。

如果是為了鼓勵異性同事，就謹記，自然的拿出點心給沮喪的同事後，在大方的拿給其他周遭的同事，便也不會讓人產生太大的誤會。

　　分享，是個很重要的小事情，但卻容易得到同事的認同，而且也可以藉此話題，打破彼此的僵局。另外，現在智慧型手機，APP功能相當方便，罐頭訊息常常到處流傳，尤其是「已讀」這兩個字常常令人抓狂，看到對方已讀，卻沒有回應，更令人焦慮。所以，在收到訊息後，丟個表情符號做結尾，也是種簡單的回應。

　　「稱讚」一詞，說來簡單，做起來卻很難，過度的稱讚很容易讓人聯想到拍馬屁，但一副自命清高的模樣，卻也著實令人討厭。所以，要達到令人高興的稱讚，又無須讓人覺得過度虛偽，就非花點巧思不可。

　　記得從同事周遭的小事物稱讚起。如果有同事帶了點心或者是出差時所買的禮物，縱使你吃了不喜歡，也別講出口，只需說「不錯耶！」然後看起來興致勃勃的打算研究這份食物。

　　或者有個更有技巧的是，當別人拿給你食物，其實不是你愛吃的，你也可以小心收藏起來，等到離開辦公室以後，看見你家樓下警衛，拿給他吃也可以，做個人際關係也不

錯。切記勿將同事帶來的禮物時，別當面給人難堪。在討厭的人，在他的家人、朋友的眼裡，他依然是一個很優秀的人，所以換個角度去看在職場上你討厭的人，去發掘他的優點，你自然能擺脫人緣差的窘境，而由衷的發自內心去稱讚他人。

再來就是，工作時，難免遇到電腦狀況，尤其在處理文書的軟體上，出現了些小狀況，此時請同事協助一下，除了說聲「謝謝」應有的禮貌之外，記得加上一句「哇！你好厲害喔！」誰都喜歡聽好聽的話，簡單一句，不會讓你少一塊肉。

相反的，下次再遇到狀況時，同事一定很樂於協助你。除了工作上，稱讚女同事其實很簡單，雖說審美觀念應人而異，但稱讚「變瘦、變美、看起來年輕」絕對是讓女性同事心花朵朵開。而對男同事，加上「帥哥」這兩個字絕對讓辦公室所有的男同事都回頭的。

不然你家樓下那個大排長龍炸雞排老闆娘不會對每個客人都喊「帥哥、美女」。別太害羞你的讚美，今天如果Tom在工作表現上受到老闆的讚賞，你也記得私底下在跟他說一聲，「哇！很厲害耶！」這肯定會讓同事更加高興。

在講個例子好了，某位同事因為年資較久，所以被公司選訓練新進人員的負責人，當然在薪水沒有調漲的情況，工作量卻增加，那位同事忿忿不平的認為增加了開會的時間。是你，你會怎麼跟他說呢？

　　其實很簡單，公司是信任他的工作能力，加上年資較長，熟悉公司內部運作，被選為訓練新進員工的不二人選，他獲得的是老闆跟上司的信任，表示能力很好，才能被選上的。反向思考去看公司的立場，自然能替你跟同事之間，減少許多磨擦。

　　人有七情六慾，工作上一定會有不如意的事情，縱使這份工作是因為興趣而找的，但未必所有的工作內容都是你喜歡的。尤其隔壁的凱莉每天玩社群網站，後面的小張天天跟女友情話綿綿，就你任勞任怨的被丟了各式各樣的工作，能不生氣嗎？

　　還是謹記上面所提的一點，千萬別跟同事與上司掏心掏肺的講任何有關工作的抱怨。唯一能抱怨工作上的事情的人，就是與這份工作不相干的，像是你的家人、情人或朋友，這是最安全也最能發洩情緒的了。

　　但是甚麼都不跟同事聊八卦，也太不能融入團體之中了吧，會讓同事覺得你可能是上司派來監視的人。當然，偶爾

同仇敵愾一下，無損於在公司的形象，記得要對事情，千萬不要對人。舉例來說，上司派你跟同事出差，但卻未考量到距離的安全性，與遠近問題，此時，要罵上司嗎？當然罵，就說「颱風天出差難道不危險嗎？」點到即可，請謹記，就只針對這件事情做評論，其他的就千萬一概不要談論，免得落人口實。

謹言慎行，一個常把自己的情緒暴露在外面，對工作抱怨再三，縱使你的工作能力再好，講錯一句話，就是得罪人，就是不會有人讚賞，會做事，也要會做人，才能贏得同事的尊敬。

初來乍到，難免會有老鳥帶著你做事，還是謹記，讓自己進入狀況，快速的掌握工作內容以後，再慢慢觀察公司文化，千萬別貿然就提出自己的建議。

當然，在一間公司久了，自然會有磁場合的同事，所以，別把太多自己的想法放在與上司的聊天裡，偶然的聊天話題可能會影響你未來在公司升遷。

例如，在你不小心透漏了對目前執行的業務產生挫折，覺得無法完成，拜託，上司就是相信你，才會把這項業務給你，所以做的再痛苦，挫折感在大，也別不斷地哀聲嘆氣，讓人開始質疑你的工作能力。

上司不是拿來讓你掏心掏肺聊天的對象，而是讓你遇到事情無法下決策時，詢問用的，這些小事情看起來沒什麼，但卻會可讓同事感受到你的細心跟關心，自然人與人中間的那道牆可以降低一點，要被說拍馬屁，每位同事都拿到甜頭，誰敢這樣說，而且會讓人很放心有你這一位同事。

同時也讓人感受到你是一位處處替人找想的人，但千萬謹記清楚自己的能力在哪裡，別貿然做出些違背你自己能力的事情，贏得人的信任感後，就是贏得同事尊敬的一大步。

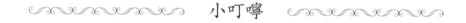

小叮嚀

上班做的再痛苦，挫折感在大，也別不斷地哀聲嘆氣，讓人開始質疑你的工作能力。

謙虛是致勝關鍵

不管東、西方都喜歡謙虛的人了。當適時展現能力以後，又能謙虛的待人，絕對是贏得同事尊敬的致勝關鍵。

　　初出社會時，在經驗跟專業都還尚在累積的情況下，有時候做人尚不圓滑，得罪人也不知道，但當菜鳥時，看著主管會有種令人信服能力，有時他的專業真的贏你嗎？

　　其實未必，是因為他懂得做人，記得，公司請你是因為從你身上看到可替公司帶來盈餘的能力，所以被交代的事情，就要有能力完成，能力被肯定以後，謙虛就絕對是非常關鍵的事情。

新進一家公司，面試你的人一定從你身上發現某些公司所需要的特質，所以，你或許擁有了其他同事沒有的專業，但相對的，你一定也沒有其他同事的專業，相同領域不代表有相同的專業素養，怎麼說呢？

　　一般人所熟知的中文系，籠統且被認知為是國文老師等，但殊不知中文研究領域又區分為傳統文學、現代文學、古文字研究等等。

　　所以，中文系學生也很清楚不會白目的拿著古文字等歷史跑去問研究現代文學的老師，想要活著畢業就不會這麼做。所以，連大學教授都會有不熟的領域，更何況職場上各種行業，誰也不是萬能。

　　首先，先來說說怎麼謙虛吧！如果今天有位同事問了一個你業務上的問題，其實這個答案你已經瞭然於心，因為你執行過，但你是打算用很臭屁的方式回答呢？「喔！這個喔，簡單啦，我教你……」還是打算「嗯，我上一季剛好做過，可以提供你參考」，兩種態度就讓人有不同的感受。

　　所以，縱使你知道這個問題的答案，態度很重要，會讓人決定要不要繼續再請問你，一但在公司裡少了朋友，孤立無援，上司自然會把這一切看在眼裡，裁員時，固然你能力再好，一定也會是走人的那一個。

　　其次是，這個問題是超出你業務範圍的，如果你回答「這是企劃部的領域。」一句話打發人走嗎？這樣回答也太白目了一點，所以，有技巧的是「嗯，這如果你用網路行銷可能會遇到⋯⋯，但我想這是企劃部的專業，可能詢問他們或許會好一點。」這樣是不是就圓融了許多，同事自然也會覺得你說話很得體，不會傷害到人。

　　再來，說的就是如果這個問題是你不知道的，難道你就打算裝會嗎？拜託，你是打算騙幼稚園的小孩嗎？當你文不對題時，就已經穿幫了，既然人家會問你，就表示你應該知道，但難道你就應該要知道嗎？

　　尤其你又是公司老鳥時，用個「我不會」的態度也太令人討厭了吧！所以，如果真的遇到你不懂的問題，回答就是個藝術。你可以說「這東西可能不是我的領域，但我想如果你可以請問某某某，或許可以得到較好的答案。」

　　切記，如果你的回答裡面請他去問某個人，就一定要記得跟著他一起去問，如果連那個人也不知道，在時間與能力範圍內，就跟他一起研究。或是更有技巧的，回家做功課，隔天回到公司幫他解答，那人一定會覺得你超貼心，自己也可以長知識，何樂而不為。

但切記，還是先了解自己，是否會超出自己的能力範圍，一昧的幫同事，自己的工作卻無法完成，本末倒置下很容易產生錯誤，當你的專業在職場上受人尊敬，一個企畫交給你，是被信任絕對可以完成。

　　被肯定的工作能力是一家公司雇用你的原因，同時也是你獲得工作的致勝條件。但切記，工作能力再好，不代表你可以目中無人，大聲斥喝上司或同事。今天你不是老闆，沒有人有必要看你的臉色做事。

　　舉個例子來說好了，一間出口貿易公司，原本業務量平平，內部工廠接到的訂單也不夠多，後來新進了一位業務人員，與外國客戶互動頻繁，工廠業績大增，在種種因素下，這位業務人員跟上司關係並不融洽，但當然因為他替公司帶來莫多的訂單，所以在一個願打一個願挨的狀況下，老闆只能忍受他的脾氣。

　　甚至到老闆的兒子開始進公司工作，這位業務人員還因為一些小事大吼了小老闆，老闆原本用意是希望兒子接業務，女兒做內勤，結果這名受聘的業務什麼都不教，老闆只好讓女兒去外面學習貿易的業務，以後能輔佐公司。

　　但，就站在公司立場來說，這樣的行徑下，總有一天會是很難看的收場，同時，業務界的名聲也不好。請謹記，在

工作上你不是獨一無二的，無人可取代，工作能力再好，總有一天同事跟上司會受不了你的爛脾氣，你不做，這份工作還有成千上萬的人搶著做。

　　所以，如何在工作上展現自己的工作能力，又能贏得同事的尊敬。謙虛絕對是最有用的方法。舉例來說，一個團隊裡，新進了一位新的同事，而身為資深的工作夥伴，領導團隊時，展現了自己的專業之外，又會適時的提點新進同事工作方向。

　　小組會議裡面，常用「Steve這次的報告做的很好喔！很用心的比對了各產品的缺失，如果能將行銷的缺失加入分析，一定會更好。」這樣聽起來是不是就舒服很多，而且人都喜歡被稱讚。

　　新人剛進公司一定對業務有一定程度上的不熟悉，所以犯錯是再正常不過的事，但先被突出的優點就會讓人更加努力，尤其又受到經驗老到的同事稱讚以後，會更加用心於工作上，一定會增加同事對你的尊敬。

　　同時，在每個月的業務報告時時，如果能稱讚了這位新進的工作表現，如「Steven這次的業務行銷上，很用心的分析了產品與銷售的優缺點，表現的很好。」讓人好感加分，自己雖是主責人員，將自己的光芒在會議中隱藏起來，但卻

有讓人清楚的知道這個團隊執行業務時的專業，都須歸功於團隊的主責人員領導有方，創造了雙贏的局面，也讓跟你一起共事的人員更加敬佩，無形中贏得同事的尊敬。

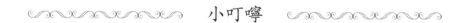

小叮嚀

初出社會時，在經驗跟專業都還尚在累積的情況下，有時候做人尚不圓滑，得罪人也不知道。

信用與學習的重要性

職場上信用是很重要的一件事情，沒有信用，找不到客戶。同樣的，能在職場上學習新的知識，絕對能創造雙贏的機會。

如果你是在國際公司工作，信用不僅僅只用在合作的客戶上，更是上司與同事之間最重要的事情。

如果你是做企劃類或行銷類的，「small world, people talk」地球是圓的，不要以為在這間公司搞壞名聲，沒有信用，去到其他家公司就不會有人知道。

所以，講信用是一件非常重要的事情。

國際貿易最講究的就是出貨的交期，尤其出貨方一但延宕貨物，影響的不僅只是買方而已，更重要的是當地貨物上架的時間，如果剛好是西方聖誕節或感恩節這種大節慶，絕對影響當地生意人賺錢，擋人財路的下場，可是很慘的。

　　因此在確認訂單的時候，買方一定會給個明確的交貨期，而此時需要的就是去跟工廠確定能交貨時間，加班都要趕出來。

　　如果是企劃案，你先試想，如果你晚交了這個企劃案或報告，相對的你的主管也勢必必須面對客人，或是他的上司，他也更難交代，由此推論，你一個人的延誤，不單只是你個人的工作受到影響，連帶與本案子有關的人，也會被你拖累。

　　所以，如是出口貿易，當工廠無法如期出貨，就一定跟客人有良好的溝通，解釋延誤原因，然後再次確認可出貨的日期，所以第二次所提的交期日，加班都要讓貨物準時出去，如果你是企劃案，或是公司內部報告呢？

　　在上司交付工作之時，一定會給你個繳交日期，在第一時間收到信件或通知時，先確定手中工作是否可讓你準時完成新被交付的案件，如果無法，記得跟同事或是上司溝通，此時間無法完成，是否可以晚一周或是更久。

　　當然，案件有輕重緩急，有些就是跟你講沒有轉圜的餘地，變成自己需要再次衡量哪個是最急件。

　　但最重要的，就是如果今天你已經說星期五可交付案件，可以的話，請在當週的星期三就把案件或報告給上司或同事，這樣就能讓人信任的交付給你任何工作，如果能快、狠、準的做完，更是能贏得同事的尊敬。

　　除了這些以外，當然還有日常生活等，跟同事私下小聚，或是公司內最喜愛的團購，你剛好又是負責採買的人，就千萬要準時，或是安心的將大家團購的錢與物品，正確無誤的送到每個同事手上，套一句「信義房屋」經典的廣告台詞「信任帶來新幸福」，於公於私，只要交代的事情，能準時完成，讓人安心與放心的人，絕對能贏得同事的尊敬。

　　除了講信用之外，在前面就提過了，在不到你開口的時候，千萬別搞不清楚狀況貿然的說出自己的意見。但難道就真的從頭安靜到尾嗎？其實並不然，在美國的公司文化裡，會希望員工能說出自己的看法，未必一定要同意上司或同事的意見，但這僅只於西方文化。

　　在亞洲國家裡，跟上司的意見相左，很容易被認定是難搞的員工，尤其是在一個團隊裡面，更容易變成是專門找麻煩的同事。

舉例來說，藝術導覽這個行業，雖說有些是志工性質，所以有許多退休的人員來擔任，但是每次館方所展覽的作品卻根據季節的不同，或者是受邀的藝術家不同，而出現不同的作品。

　　這時，導覽人員就勢必要充實更多新一季的展覽作品知識，在當下某位導覽人員，剛好是對歷史相當有研究，也不吝嗇跟其他人員分享，但當一樣都是同一職位時，另一位同事卻未必領情，所以在這方面有頗豐富知識的人員，在知識分享的當下選擇安靜傾聽他人的說法，但卻在導覽時展現出雄厚的專業知識背景。

　　所以，雖然說只是單相藝術品的導覽，但當少了傾聽的能力以後，自然會少掉他人與之分享的知識。

　　傾聽在職場上是非常重要的一環，每個人都是獨立的個體，來自的生活背景也有所不同，一個案件上，自然未必會有相同的意見，要如何讓同事跟上司同意你的意見，靠的就是說話的藝術。

　　在需要你開口的場合之中，先傾聽同事所表達的事情，最重要的是不要打斷任何人的話，尤其如果你跟他異見相左時，是非常需要他的同意才能執行工作的，所以，先聽完他所陳述的想法。

　　學校主任覺得學童在校柔道拿到該縣市比賽的優勝，應該請導師在班級上給學童一些獎勵，但該級任老師則認為這樣對其他沒有練柔道的學童不公平，此時，主任跟授課老師意見相左，要怎麼說服他呢？

　　其實很簡單，如果是針對學童，自然先講出獎勵的理由，並非所有學生都能在學科上拿到好的成績，如果體育成績優秀，自然能獲得獎勵。

　　當然，後來任課老師也接受了這點。所以先傾聽他人意見以後，再從他的立場討論如何進行，這樣自然叫人信服，而逐步贏得同事的尊敬。

　　職場上，用心做事是非常重要的，信用和傾聽，讓自己創造職場上的價值。

　　除了這以外，在職場上，永遠會遇到與你不同磁場、生長環境不同、受的教育也有所不同，自然在許多事情的看法上也有所不同的人，所以，要如何能獲得同事的尊敬，就是讓自己有更高的角度去看每個提出不同意見的同事與上司。

　　事情尚未得到解決時，別對事情亂下定論或評語，一個人生來一定有他的優點，當你開始評論他的缺點時，自然他的優點也會被你的評論所掩蓋，損失的不會是他，而是你。

舉例來說，在一個距離市區需要兩個半小時以上的車程，居住環境相當危險的偏遠地區，一名社工在那裏工作了四年以上，雖然因為工作環境的關係，讓他變得封閉與自大，與新進工作人員相處，自以為是上司指使同事工作，引發了許多不滿，但是如果你只是單從新進人員的角度去評論，自然看不到一個人能在偏鄉工作長達四年之久的用心。

　　例如一個機構裡面，上司是在決定與處理下屬出現狀況時做決策的，但當一間公司發展過快，而主管缺乏的情況下，隨意提拔一名能力不足主管，他著重在工作人員交出來的文件上面。

　　雖然說在面對他的上司時，文書等行政工作處理的條理分明，但是在基層工作人員遇到例如像客戶抱怨或是其他需要他做決策時，卻無法提出解決方法。

　　此時如果你是基層工作人員，自然清楚知道此上司的能力限制在哪裡。那你要唱反調嗎？如果你想在這間公司學到東西，那就默默的將交代的事情完成，累積更多的實力，自然以後能有派得上用場的地方。

　　所以，在工作職場上因為有不同的人存在，才讓公司的創意源源不絕，當你身在一個工作場合裡面，勢必遇到與你異見相左的人，更甚至是不合的同事，他的一言一行都讓你

看不順眼，但他在公司與職場上自然有他一定的地位，此時你要繼續討厭他嗎？

換個角度先從他擅長的事情著手，從稱讚做起。學會先看到人的優點，再討厭的人也會有令人欣賞的事情，同事自然不會覺得你讓人敵意很深，這就是做人的高度夠。

再來是培養自己有眼光，多去接觸新事物，或是旅遊讓自己視野更廣一點，人生沒有用不到的經歷，你曾經投資自己的東西，絕對不會浪費掉，不管是出國去玩，或是參與任何的活動，都會成為你在職場上的養分。

所以當企劃案需要你的意見時，提出與他人更廣的視野，自然讓人覺得你的專業很深厚，而能贏得同事的尊敬。

我們常在職場上遇到各式各樣的人，與各式各樣的事情，有時候超出工作範圍，有時候也會犯了不該犯的錯誤，但是，每一個錯誤都是讓我們再次學習與再次審視自己。

人生中沒有用不到的經歷，所以如果你是一個細心的人，仔細觀察周遭的氛圍，謀定而後動，別毛躁的將自己暴露在群眾之間，先聽聽看每個人所說的觀點，再確定公司真正需要的是什麼，強出頭只會讓自己更快在職場上陣亡。

同時也切記，善用小禮物去收買同事的心，你不會知道這個人以後會幫到你甚麼忙，朋友比敵人多總是好事。在職場上，謹言慎行，別隨便的評論別人。當遇到危急的情況時，能臨危不亂，幫同事解決事情，幫上司出點子，自然能贏得同事的尊敬。

小叮嚀

　　講信用是一件非常重要的事情。

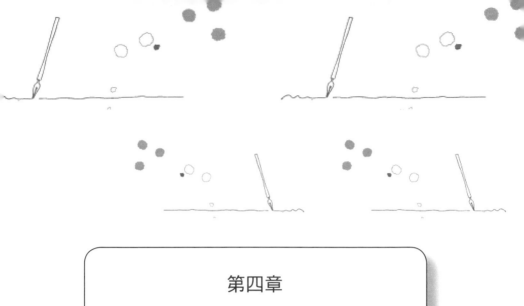

第四章
一定要懂的工作態度

當初剛出社會的時候,雖然累積了幾年的
經歷才從工讀生升上正職人員,但是這幾
年的經歷只是用來學習工作技能。

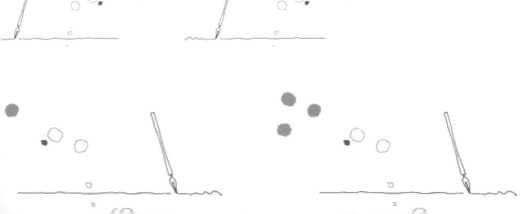

身處不同職位，抱持的工作態度也截然不同

在不同的職位工作，除了薪水和福利不一樣，就連工作態度也得跟著不一樣，才不會受限住自己的升遷發展。

對老闆而言，就算是相同的工作內容和性質，但是身處在不同的職位上，受領不同的薪水和福利，抱持的工作態度當然得不一樣。

請大家由以下舉例試想：

A和B同為麵包店門市，工作內容雖然都一樣，但是A為正職人員，B為工讀生，薪水福利相差甚大，若A抱持著跟B同樣的工作態度，那麼公司又何必給A這麼多的薪水，都請工讀生不是更省成本嗎？

　　當初剛出社會的時候，雖然累積了幾年的經歷才從工讀生升上正職人員，但是這幾年的經歷只是用來學習工作技能，關於正確的工作態度完全沒有概念，所以在一開始的時候也是吃了很大的苦頭。

　　正職人員雖然工作繁瑣，不過由於先前代理過幾回，大概清楚工作的內容，所以以為自己是可以勝任的。可是正式升遷以後，主管每天交代下來的工作量又多又雜，再加上職責內的工作，整天忙碌到做都做不完。

　　偏偏這些工作又是非常緊急的，要在主管交代的時限內完成根本就沒辦法，幾乎每次都是主管轉派他人接手才能夠完成工作，所以常常工作趕個半死，反而還被主管責罵效率不夠快，心情自然而然受到打擊，甚至失去了工作的熱忱，這是當工讀生時不會遇到的狀況。

　　因為老闆指派的工作，是經由一層又一層分工下來的，所以當工作分派到基層員工手上時，幾乎就是少數的工作量，一個人來做當然是綽綽有餘。

　　但是職位向上一階，工作量自然也多出了數倍的份量來分工，若這時還抱持著基層員工的工作態度，一個人努力去執行上面指派下來的所有工作，結果只會事倍功半，效率下降的同時還會失去主管肯定，最終得不償失。

當然，我也曾經遇到過工作效率相當高的幹部，在主管休假的期間，一人肩負起所有的工作量，還能夠輕鬆地在時限內完成，讓高層個個是讚許有加。

　　不過人都是要往上爬的，或許在這個階段的多人份工作量負擔得起，但是每往上一層就多出更多倍的工作量，再怎麼有能耐的人有天終究會到達能力的上限，所以與其自己拼命地撐著，倒不如分工合作來得實際。

　　我們來試想一下：

　　若一間多元經營的大企業董事長，要向外界報告公司本月的營收報告，這位董事長有可能親自去向收集各店的營收資料，然後在自己統計嗎？如果是上百家的連鎖店舖，可能光是統計的時間就不知道得花幾個禮拜才能完成。

　　但是若一層又一層的分工，到董事長手上的就是統計好的營收資料，這個時候總經理就可以很快地分析與上月和去年同期的好壞，有無改進或是進步的地方，做成一連串完整的報告。

　　沉浮在職海中，總是有不如意的時候，像是降職或調職，甚至轉職的職位比前一份工作的職位還要低，同樣都需要做態度上的調整。

　　我管過被降職的幹部，也遇到過不少屈居低職位的轉職員工，這些類型的員工即使在新的職位環境裡，依舊放不掉先前的工作態度，說起話來頤指氣使的，慎自擅自干涉主管的管理工作，別說主管看不下去，就連其他同事也很不服。

　　每個職位都有每個職位的基礎工作，即便是過去身為直屬主管，也不一定能夠完全了解到基層的工作細節，所以較為基礎的工作就會很容易就忽略。

　　比方說當主管時，打掃、跑腿等小事都是指派部屬去執行，當降為基層員工時，這些打掃工作都要自己親自去做，可是因為工作都交由幹部去指揮，所以對於什麼時候要去打掃環境，打掃時要準備什麼工具……這些細節都是自己不清楚的。

　　但是，因為曾經當過幹部，所以主管針對自己的工作標準自然比一般人還要高，會認為沒有注意到這些細節是不應該的，所以若沒有放下幹部的優勢態度，虛心求教基層的工作內容，就很容易會被主管冠上不認真的壞印象。

　　因為這些員工都已經習慣幹部的工作態度，一時無法調整到現有的職位態度，這是相當危險的現象，蹲下是為了跳得更高，但是若不能掌握到正確的工作態度，就會導致自己得不到主管的賞識東山再起，反而繼續地墮落下去。

無論在什麼樣的職位，都要將自己分內的工作做好，並且拿捏得當自己的職責和態度，這樣的工作態度才是老闆在乎的。

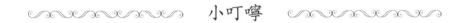

小叮嚀

　　在職海中像降職或調職，甚至轉職的職位比前一份工作的職位還要低，都需要做態度上的調整。

學習求知的工作態度，是工作上一大助力

學習分攤主管的工作，更可以減少工作上的失誤，可以說是絕對不能少的工作態度。

在職場上，最怕遇到問題，卻還默默地盲目處理，或是不負責任地放任不管，導致一件小問題逐漸演變成難以收拾的大紕漏，最後再花上好幾倍的心力去收拾殘局，所以員工是否擁有勇於求知發問的工作態度對老闆來說非常重要。

這個道理雖然很簡單，卻不是每個人都能夠做得到，更正確地說應該是『不是每個人都做得到發問問題卻不被碰釘子』，相信只要是出社會的各位多多少少都會有相同的遭遇，就是向前輩和主管詢問問題的時候，會得到不耐煩的態度。

或是「我不是教過你了嗎？」、「你居然連這個都不會」之類會讓人打消求教念頭的回答。這樣的情況我也碰過好幾回，所以我可以理解各位退縮的原因，但是為什麼重視員工求知學習態度的主管，卻會在員工發問時做出這樣的反應，難道這又是職場和理論的矛盾嗎？

身為職場上的管理者，會因為員工的流動而重複教導相同的技能與知識，教導的對象和次數一多，自然而然會記不起到底對哪些人教育過，這是人之常情。

既然記不清到底教過誰，又是教過誰哪些技能，所以大部份的主管會以年資來認定對方應不應該知道這項工作的操作方式，所以如果平時沒有積極地學習各種工作上的技能，很容易就會在發問問題時被碰釘子。

比方說：
剛到超商工作的工讀生，因為還不熟悉關東煮的種類而發問，這就是理所當然，可是這個問題若是由一個工作多年的資深員工來問，就會被認為不應該這個問題而被碰釘子。

但是，不知道的原因有很多，不完全就是因為沒有認真學習，或許對方所問的關東煮種類是新產品，也或許對方剛從內勤工作調職成外場職位，更或許是剛放完長假完而導致對職務工作的不熟悉，又加上是資深人員的身分，很容易就

會讓主管下意識地認為這名發問的員工是『不應該不懂』，而回答出不耐煩的話語來。

　　另外還有一種狀況是，同樣的工作技能教過幾次，但是一直沒有機會實際去操作，或是許久沒有操作過這項工作，相隔一段時間後自然記憶淡忘，可是這個時候求教於前輩或主管時，對方就會自然而然地認為很久以前教過、也已經教過了好幾次，為什麼還是沒學會？

　　若是基於以上的理由，各位在發問的時候可以改變一下問法，不要直接發問自己的問題，而事先說明自己不知道這個問題的理由，再發問問題就能夠避免這樣的狀況發生。

　　舉個例來說：

　　×「主管，發電機的機油是用哪款種類？」
　　○「主管，你上次教過我發電機的保養流程，可是我沒有實際操作過所以有點記不清楚了，請問保養的機油是用哪款種類呢？」

　　但是，若各位是因為對工作產生倦怠感而不學習，卻又為了某個因素想要奮發向上，才開始將之前落後的工作技能趕上時，對主管這樣不耐煩的應對就要有足夠的心理準備。各位想必會理所當然地覺得主管應該對這樣的振作給予鼓

勵，但是大家要知道的一點是，職場並不等於學校，肯上進學習是應該的，教導的主管並沒有給予鼓勵的義務。

就算大家無法克服心理障礙，也請各位至少在遇到問題的關鍵點適時發問，還是小問題的時候或許只是叨唸幾句，但是變成大問題的時候可能不是挨罵就可以了事的了，職場上的每個工作都是環環相扣的，其中一個環節出了錯或是拖延到，就會連帶影響其他環節，如同『蝴蝶效應』的影響力。

所以，每個環節都要保持零失誤，才能使整個公司運作順利，而杜絕失誤的基本辦法，就是去努力學習摸索，並且適時地發問求知，就能夠徹底減低失誤發生的可能。

我們公司也有不少的資深人員有相同的遭遇，所以遇到問題時總是會吩咐新進人員詢問，或是先詢問其他資深同事，確定真的難以解決辦法才會親自麻煩主管過來處理。

當然，長痛不如短痛，大家在維修的過程中雖然會以服務顧客為由臨陣脫逃，以免主管維修期間又叨唸些什麼，不過最後還是會詢問問題的發生原因、應該如何解決問題、如果無法解決的處理流程為何等相關問題，以避免日後再發生同樣的問題無法應付，又得再麻煩主管一次，再聽一次對方的叨念。

所以，求知發問的內容不能永遠停留再同一個階段，而要隨著歷練慢慢成長，若永遠沒有進步，總是不斷地重複問些類似的問題，本來應該搏得主管賞識的上進態度，也會因為沒有進步的表現而無法留下正面的好印象。

求知學習固然是職場上應有的工作態度，但是也得拿捏好其中的訣竅，各位有沒有想過當小孩子好奇心旺盛，一直在問「為什麼」的時候，身邊的人常常會露出不耐煩的反應，而不一定是讚許的態度嗎？

除了發問的內容以外，就是發問的次數太過頻繁，也會因為打擾到主管的工作進度而招來厭煩，同樣是求知的工作態度，給老闆的印象卻會不盡相同。

 小叮嚀

職場並不等於學校，肯上進學習是應該的，教導的主管並沒有給予鼓勵的義務。

大局為重，
不要太過計較

有些決策若不能以大局為重，而只注重小節的話，這樣的工作態度是很容易會招來老闆的反感。

　　相信大家應該看過不少古裝戲，戲裡皇帝雖然是古時權力最大的地位，但是在面對奸臣叛徒，卻也要顧及時機和罪證，忍氣吞聲佈局許久才能夠一舉將其勢力消滅，這種情形就算換作現代也一樣，即使主管對部屬有管理的權利，但是對於有過錯的部屬，卻還是得顧及個性和工作的影響力做不公平的對待。

　　在這間公司工作多年，遇到過不少形形色色的同事，雖然每個員工都有各自的優缺點，但是也有不少人是缺點遠遠大於優點，讓別人很難一起共事。

　　像這類不適任的員工，其實身為幹部的我們就會在第一時間內轉達給主管，即便是經由主管觀察確實不適任，但是有時候的時機特別，比方說是人力不足、對其他員工影響力等等的因素，就會讓主管暫緩處理有關這名員工的去留。

　　幹部可以理解主管的考量，但一般同事卻沒有辦法這麼想，對於主管不聞不問、又沒有任何作為的處理態度感到不屑，甚至抱持著『這些人可以，我為什麼就不行』的心態跟著不適任員工墮落，最後只會在時機成熟的時候一起跟著不適任員工被解職，吃虧的還是自己。

　　主管的不公平待遇只是短期，表面上看起來默不吭聲，其實已經悄悄地做好準備，人力不足就找齊員工；有足夠影響力可以慫恿其他員工集體離職或翹班的話，就事先向其他分店尋求人力支援；沒有專業人才就找時間培養其他員工等等……隨時隨地計畫著將不適任員工取而代之。

　　管理不只是顧及眼前，還得要有長遠的打算，別忘了不適任的員工帶給主管的不利之處多不勝數，換作是任何一個人都不會把廢才放在自己身邊扯後腿的，身為部屬的我們應該做的就是做好自己分內工作，不要去計較其中的公平不公平，主管的百般謙讓不代表就是好事。

但是，若各位在主管的苦心佈局當中，積極地要讓主管了解對方的不適任，甚至是逼迫主管、質問主管這件事的處理，那麼自己可能也在無意間成了主管的眼中釘，從局外人的立場被牽扯進來。要記住，就算自己有理，也千萬別得理不饒人，有時退讓一步步不要跟人計較，得到的反而更多。

　　不只是主管對每個人的態度和待遇，有時連員工福利也不要太過斤斤計較，我這裡所說的員工福利並不是指加班費、育嬰假這種有法律保障的福利，而是公司企業為了挽留住人才所給予的福利。

　　現在勞工意識抬頭，大家都非常懂得要爭取自己的權利，但是其中有不少福利是基於挽留人才，或是法令並沒有硬性規定，像是週休二日、年終獎金制度之類的，所以若大家認為這是應有的福利而爭取到底，恐怕就會讓自己的職涯生活面臨考驗。

　　我們公司的幹部的福利之一就是每個禮拜週休二日，但是由於工作性質是服務業，所以兩天的假日也是要經過排班，不過主管因為是辦公室性質，所以就跟一般的上班族一樣，固定在六、日兩天週休。

　　但是，最近公司為了提供營業量，紛紛強制主管得到前場服務顧客，原本固定的週休二日偶爾也因為生意好壞而改

成跟幹部一樣的輪休方式，雖然假日的天數一樣，卻讓一些養尊處優的主管大表抗議，甚至不遵從公司的指派強行在六日放假，讓老闆相當不滿。

勞基法的法規目前並沒有強制要週休二日，也沒有規定要在六日放假，這些福利完完全全都是公司另外給予的，臨時縮水或是有所變動，這些都在合理範圍當中，若像這些主管一樣認為是自己應有的福利強行爭取，或許眼前真的如你所願，但是後續的考績和年終獎金的部份，可能就會讓自己得不償失。

所以，當員工福利有所銳減時，大家要清楚到這些福利真的是應該屬於自己的嗎？而爭取到這些小福利，相對的有沒有可能損失更大的福利，試著比較其中的利益關係，再決定自己應不應該去爭取。

比方說：
主管上下班的時間固定在早上九點到下午五點，但是因為月底工作較繁瑣，為了能夠在上班時間內將工作完成，主管特地提前半個小時來上班處理公務，這就是為了公司營運去犧牲自己時間。

若大家都計較會被公司A走自己的時間，而放任做不完的工作下班，到最後工作效率低迷，影響到今年的考績和年

終，這樣計算下來是否真的佔上風？或許有人認為時間是無法用金錢計算的，但是完成分內的工作，正是公司花錢僱用人才的目的，若偶爾的一丁點犧牲都不願意，會不會到最後連自己的工作位置都會被更懂得為公司著想的人才給頂替呢？

所以，不要太過計較，抱持著『吃虧就是占便宜』的工作心態，才更能夠獲得老闆的認同與賞識，誰說退讓一步就一定吃虧呢。

小叮嚀

抱持著『吃虧就是占便宜』的工作心態，才更能夠獲得老闆的認同與賞識。

職場上的高度配合，
正是必須態度

能解決主管人力調度問題的高配合度員工，
這樣的工作態度自然是老闆所重視的，不過
同時也表示自己的生活將被工作給綁架。

　　說到犧牲，接下來這項老闆所在乎的工作態度，才能撐
得上是真的犧牲，若一個拿捏不當的話，要不就是成了配合
度低的員工，得不到賞識和器重；不就是成了主管眼中配合
度高的好員工，肆無忌憚地被侵佔自己的私人空間。

　　而需要這個工作態度的源頭，就是因為人力資源的不
足，人事成本的考量或許是佔最大的一個原因，但也有不少
企業即使是多請了幾名員工來支援，卻還是會面臨到同樣的
問題窘境。

147

人力不足的問題一直得不到良好的改善，那麼，比起多聘請幾個員工的方法，倒不如擁有能夠隨傳隨到的高配合度員工要來得實際，這一點在許多行業上都不另外，從打開求職訊息，幾乎所有企業都強調的『配合輪班』徵才條件，就可以看出端倪。

　　就因為如此，所以老闆應徵員工時，特別注重能夠全職工作的條件，對於在學進修的學生或是有兼差的上班族可能就會特別考慮，畢竟這些族群是無法滿足主管隨傳隨到的配合度，就僅僅只能在某個時段的班別工作，在缺人時期就會讓主管的人力調派工作產生相當大的困難。

　　老闆的立場是希望有個隨傳隨到的員工可以協助工作，可是就員工立場而言，是希望有一份可以維持生活品質的工作，所以為了『五斗米折腰』，不得不讓工作綁架自己的私人空間，是每個身為員工都不願意的，包括主管在內，但是若無法配合工作上的輪班、加班、銷假上班等要求，影響到主管工作上的執行進度，必定會引起對方的反感而成為眼中釘。

　　不過，若是想要快速獲得主管賞識和升遷順利，隨傳隨到的高配合度的確是相當有幫助的辦法，可是過與不及都會為自己帶來工作上面的負擔。

作者我剛進入職場的時候，對於主管在人力調度上的要求從來不曾推辭，現在想起來也很佩服當年的高配合度，雖然這樣的表現讓我得到主管很大的賞識，但是卻也因此給人極深的印象，每回只要一有調度需求，第一個想到的人選絕對就是我。

雖然我平時沒有什麼生活安排，所以時間上相當彈性，但是沒幾天就來一次的高通知率，讓我感到相當厭煩，到最後甚至一聽到公司打來的電話就會開始緊張膽怯，也就是所謂的「手機症候群」。

所以，雖然在職場上高配合度相當吃香，卻也很容易讓主管食髓知味地『只』使喚自己，即使還有其他放假或其他班別的最佳人選可以聯絡，可偏偏電話卻只會打給幾名高配合度的員工，就算這樣會導致這些人員的上班班別和輪休亂七八糟也無所謂。

因為這些人已經被主管認定『絕對會配合輪調的員工』，為了不浪費聯絡的時間，在需要人力調動的時候，他們就會是聯絡的第一人選，相對的，若是哪天當這群員工突然不能配合，就會遠比其他員工還要更讓人不能接受。若想工作順利，就不能拒絕主管的調派，但若不想成為被主管使喚的好用員工，就不能完全配合主管的調派，可是中間的取捨又該怎麼做才能夠適當呢？

各位可以試試，在臨時接獲加班或銷假通知時，千萬不要二話不說就答應，並且火速地趕去上班，而是要找個理由推拖，向對方聲明因為有事要辦得晚一點才能去，這樣的目的不是為了讓對方改找其他人，而是要讓對方認為自己並非可以隨傳隨到的人。

不是不去，只是不能馬上到。

這樣既不會讓人產生不配合的負面印象，也可以避免被主管貼上『隨傳隨到』的高配合度標籤，影響到自己的生活品質，這樣即使沒有高配合度的口袋人選，也會考量班別和輪休天數因素來做合理連絡，這樣的配合才能公平。

每個人在不同的工作階段，對工作的要求都不盡相同，一開始工作總想著要努力賺錢，所以會對休假日數斤斤計較。到後來獲得了理想的工作狀態，薪水福利有了一定的水準，就會變得注重生活品質，反而對人力調度上的配合度意願就會降低。

為了避免因為不同時期的心態而影響到主管眼中的好感，降低或是杜絕人力不足的真正主因，才是根本之治。

同事A是公司的幹部，所以被主管認為理所當然要配合人力上的調度，A也覺得這點相當合理，但是太過頻繁的次數

卻讓人覺得相當困惱，A試著追究其原因發現人力之所以會這麼吃緊，並非是員工人數不足，而是因為一、二名員工因為貪玩，看準主管對於以病痛為由的早退或臨時請假都會輕易批准，而且還不用繳交醫生證明，所以才會無法無天。

在A跨班別的嚴格高度管理下，這些員工這才安份下來，不再滿身病痛，把這樣的亂源給制伏住以後，這樣的人力荒才開始逐漸穩定下來。

雖然最佳的理想是生活與工作分開，但是若想要在職場上安然度日，那麼就得要有不時會被工作打擾了生活的心理準備，因為高配合度正是每個老闆最在乎的工作態度，作為員工的也只有接受的份。

 小叮嚀

高配合度正是每個老闆最在乎的工作態度。

遵守SOP流程工作，減少出錯機率

SOP是結合了法律以及經驗而成的標準作業流程，若貪一時方便，省略其中步驟，就容易增加出錯的機率，這是老闆最忌諱的。

就公司企業的立場，SOP是結合了法律和經驗而成的標準流程，遺漏了任何的步驟都有可能導致失誤產生，這話說的並沒有錯。但是有時理論不免要和現實做一些妥協，不過這並不代表作者我完全否決掉標準作業流程的意義。

舉個例來說：

公司為了避免弊端產生，全面規定顧客未持會員卡禁止積點，這讓原先習慣報卡號的客人相當困惱，所以經常得花時間跟顧客解釋，到最後員工們為了節省麻煩，還是會讓顧客以報卡號的方式來積點。

　　若以這個例子來看，各位是覺得員工的行為是提高效率，還是簡化作業流程增加麻煩呢？沒錯，節省與顧客解釋周旋的時間，甚至提高了顧客上門購物的意願，的確是提高效率的辦法，但是反過來講，這樣的行為也是有相當大的隱患。

　　若是員工因為聽錯卡號，導致將點數累積到另一名客人的卡片上，而顧客發現卡片的資訊不對，回過頭找員工理論造成了糾紛，然而這起糾紛之所以會產生完全就是因為該名員工不遵守標準作業流程，導致出錯的發生。

　　大千萬不要抱持著大家都這麼做，所以我同樣這麼做也沒關係，這樣的想法是不對的，若同為連鎖公司的員工，A分店允許報卡號，B分店卻說什麼都不允許，到時候顧客自然會因為糾紛或客訴得知誰對誰錯，老闆也自然會調查哪個職員不守規定，所以明哲保身是最要緊的。

　　所以說，若簡化作業流程容易導致錯誤的產生，就不應該為了提高效率而去做簡化作業流程這個動作，否則若發生問題，為主管惹了無謂的麻煩，結果只會減少主管的好感度，根本沒有任何的好處。

　　每當公司裡發生了問題，老闆絕對是先詢問發生過程，然後從中分析問題發生原因，是否因為對方違反標準作業流

程所致，不過老實說，發生問題的絕大部分原因，通常都是因為當事人容易貪圖一時方便簡化作業流程，才會造成錯誤的產生。

最常見的簡化作業流程的例子應該就是屬工地工人進行高空作業，沒有依照法律規定佩帶安全帽等防護工具，即便是公司有作業流程上面的規定，又有提供防護工具，僅僅只是因為員工不願意佩戴，但是意外責任還是得由公司負責。

請各位試想，若這樣的情形換作是個人，自己明明跟 B 說不可以這麼做，但 B 還是做了，等被發現的時候，被罵的不只是B還有已經盡責的自己，會不會覺得很冤枉呢？

那麼相信你就可以明白公司對於盡責卻還被處罰的結果有多麼不服，當然，連帶責任的主管們對於這樣的無妄之災有多麼無奈，所以自然對於部屬們因為不遵守標準流程而導致的麻煩，就會格外地注重。

因為標準作業流程是集結著經驗，將所有會發生問題的避免動作不斷地加入，所以流程只會愈來愈多，愈來愈頻繁，而不會減少。公司記取自己和同業所發生的教訓，不斷往作業流程加步驟，卻沒有實際體驗員工的忙碌程度，所以才會讓很多員工為了自己著想，省略掉一些根本不必要的流程。

　　但是，有許多規定的背後意義各位都不明白，標準作業流程的條例只會列出項目，卻不會列出違反可能造成什麼樣的後果，那麼光就員工自己用主觀的方式評斷必不必要，有時候也是不夠客觀的。

　　像是我們公司前陣子就發生了公款盜取事件，助理因為貪圖方便，將明日要送交保全的營業款項全部放置內部金庫，而非有開鎖時段限制的金庫，導致直屬主管趁機盜取，損失慘重。

　　或許助理會覺得說，兩個金庫都有密碼保護，即便是一般金庫沒有開鎖時段的限制，可是樓下還有大夜班的員工固守，外人是絕對不可能能夠入侵、解鎖、盜取卻不被發現，但是對方又怎麼會想到有內賊的可能。

　　到底省略作業流程的步驟有沒有隱憂，大家真的要好好的想一想，甚至要抱持著『被害妄想症』的心思將所有可能想過一遍，確定真的安全無誤才做出決定，這樣才不會為了一時方便，甚至為了提高效率獲得老闆賞識，最後卻反而出了紕漏，結果只會得不償失。

　　職場上，大家多少都會簡化標準作業流程步驟，但簡化的步驟到底是真能省略，還是不可少的步驟，關係到為什麼有人可以提高效率，有人卻反而受到老闆責罵的差別待遇。

傳播正面思想

同樣一件事都有正反面的想法，希望員工說
出口得永遠是正面的，而非負面思想影響其
他同事。

無論在什麼樣的情況和環境下，負面思想永遠比正面思
想還要容易影響他人。

比方說：很多人都說老闆人很好，或許大家還會半信半
疑的，但是若大家都說老闆人很差勁，大家就會深信不疑，
很少人會理性地想說是不是因為個人主觀等因素，然後試著
去親近對方。

職場上也一樣，不管是基層員工還是高層主管，每個人
對於工作多多少少都會有些抱怨，像是上司太機車、客戶太

難搞、誰誰誰很討厭等等的怨言可以說講也講不完，各位或許覺得這是很正常的事，但是若不適時制止的話，甚至會累積成一個大麻煩。

我們公司一直有個慣例，就是每到一段時間就會將各分店的主管對調，前幾年宣布這個人事命令以後，所有員工就在打聽下一個主管是哪一個分店的主管，為人好不好、管理會不會很嚴格等的瑣事，或者是因為好主管要被調離而士氣低落，總之整個員工的工作狀況完全一團亂，到最後逼不得已只好暫緩執行這項人事命令。

其實，各位通常都會把事情想到負面的方向去，但是換了主管不代表就會有多糟，跟隨到嚴格的主管不代表就是壞事，在高標準的要求環境下，自己的工作態度和效率就不會鬆懈，因此更容易得到主管和高層的注目。

跟隨到好主管雖然不錯，但是人生並不會永遠都這麼順利，若是後來因為升職或是轉職而遇到其他類型的主管，就會因為落差太大很難適應。

不曉得為什麼，在職場裡幾乎沒有人會說些工作上的好話，有的只是負面的情緒，最可怕的是這些負面思想形成了『三人成虎』的現象，即便不是事實也會被徹底地扭曲。

之前公司來了一個新來的助理，工作效率非常地好，對於基層員工惹出的麻煩也能夠快速又合理地解決，態度親切有想法，所以我對於這個新助理的印象非常地好。

　　但是，因為新助理剛來的時候還不熟練，根本無法顧及樓下的店鋪狀況，在人手忙不過來的時候過去支援，導致該班的班長非常不滿，到處跟人抱怨助理的壞話，當一傳十，十傳百，大家全都被傳言給影響，認為助理的為人相當地差，別說是我們少數理性人要辯解，就算後來新助理上手後會不時過去幫忙，也扭曲不了這樣的負面印象。

　　就是因為負面思想必須從一開始就加以制止，所以每當主管聽到任何抱怨，就會非常地緊張，比方說：收銀人員在收找錢方面若不注意，就很容易會產生虧損的情況，尤其是新人更經常如此。

　　同事不過就是在算錢時抱怨一句「今天居然虧錢了」這種正常人都會有的怨言時，主管就會立刻開口安慰或轉移話題，不讓這樣的負面情緒逐漸擴大。

　　除了適時止血，主管還會防範於未然，要求我們這些幹部平常要給予部屬正面的思想，相信負面思想既然可以三人成虎，那麼正面思想自然也可以有同樣的效果，可以見得主管對負面想法的重視。

　　各位或許想說，既然主管也會找人互相抱怨，不也等於在無形之間散播負面思想嗎？的確是這樣沒錯，或許不是每個主管都能夠發現自己行為矛盾之處，但是也有主管因為顧忌這點，所以不是隨便找個人就抱怨，而是會找個能夠理解，並且口風緊的部屬或同事作為情緒宣洩的對象。

　　也有主管不會找特定對象抱怨，但是在抱怨完後一定會提出正面的想法，來沖淡剛剛所講的那些負面話語，以免讓自己成了危言聳聽的來源。

　　舉個例來說：

　　營業場所遇到搶劫是不可避免的因素，除了減少收銀台裡面的現金、隨時注意週遭的可疑人物降低損失以外，並沒有其他辦法可以完全避免搶劫的發生。

　　若公司因為被搶金額達到規定上限而處罰也就罷了，但是因為被搶就要被歸咎是管理不佳而扣績效，就覺得規定有些不近人情了。

　　但是誰叫這間公司的福利很好，我年輕的時候做個相當多的工作，有的福利保障根本就沒有提供，工作做出了一身的職業病，要開刀治療卻沒有相關的補助可以申請，哪像這間公司相關的福利補助都相當完善，如果為了這點小缺失就離開，那就太不值得了。

這是相當高竿的作法，怨言的後面緊接著正面想法，就會將先前的負面思想完全沖淡，會認為不該為了小節而放棄這麼好的一份工作，負面的影響力自然就會被消失了，不過若是在事後才補上正面思想，恐帕負面思想根深蒂固，已經不是幾句話就可以扭轉回來。

　　很多人常常因為幾句不經意的怨言，意外成了負面思想的傳播者，就算不是真的有意，但是當事情抽絲撥解到自己身上，老闆也不會因為自己的無心之過而算了，因為負面思想的可怕只有身為管理者才能確切的體會到。

　　所以不要跟隨著負面思想起鬨，影響到管理者的管理，凡事採取正面想法，自然就會得到老闆正面的印象。

小叮嚀

　　無論在什麼樣的情況和環境下，負面思想永遠比正面思想還要容易影響他人。

凡事為公司著想

不要侷限於自己的工作職責，凡事為了公司、為了老闆著想，這樣的工作態度正是大多員工所欠缺的。

公司是一個團體活動，不光是領導者在管理指揮，也需要每個員工發揮所長。就算職位的工作和專長不符，各位仍然是可以為公司和管理者盡上一份力。

舉個例來說：

最近店裡的業績不好，小吳的職位雖然是服務顧客的店員，但是他的文宣和繪畫能力很好，為了減輕老闆的銷售壓力，小吳作了幾張海報貼在門口宣傳，果然順利吸引顧客的購買提高業績。

管理者的能力確實有高人一等的地方，而且管理所需要的能力很雜，機器的疑難雜症要學會排除、商品促銷的推行和宣傳、和客戶的應對能力等等都要面面俱到，但是主管畢竟是人，不是機器，又怎麼可能單單一個人的能力可以應付的了。

「三個臭皮匠，勝過一個諸葛亮。」

　　每個人都有個別的專長，有的擅長繪畫，有的擅長推銷，或許主管一個人想破腦袋都想不到解決辦法的問題，經過部屬們的集體構想，會出現一個不錯的idea，藉由各方人才分工合作所產生的效率，正是公司成長的動力。

　　可是，現在大多數員工卻完全受限在自己分內的工作範圍，而不是把整個工作環境都視為自己的工作範圍，個人業績達成後就停止推銷，工作只顧自己的職責範圍，都不會顧及其他的整體環境。

　　不過，公司要的銷售營收可不是看個人，而是整體的成績表現，所以就算A的業績和平時表現都很好，但是所屬的部門整體表現卻不見得就是名列前矛，有可能會被其他表現欠佳的同仁給拖累，主管的工作壓力仍在，自己優良的表現也會跟著埋沒在整體表現當中。

比方說：

公司給這間分店一個月20,000元的銷售目標，主管將目標平均給10位員工，每個人責任額2,000元，A每個月都非常努力地推銷，常常不到半個月就已經達到的個人責任目標。

但是，A達到個人目標就就立刻停止銷售，其他同仁推銷能力強的同樣達成目標，可是有的卻怎樣都達不到2,000元的金額，所以整體的營業額就只有17,000元。

A的推銷能力雖然看在主管眼裡，但是工作表現卻不值得鼓勵，因為A並沒有盡自己的能力為主管分憂，完完全全只為了自己著想。不過，公司求的是集體表現，而不是個人表現，所以主管的工作壓力仍在，在老闆眼中這間分店的表現仍然是不及格。

分店的表現同時也會影響到老闆對A的表現，試想，即使上管對A的推銷能力很認同，將人選推薦給老闆。老闆看的絕不只是個人表現，也會同時參考分店表現，若該人才無法使自己的部門表現亮眼，那麼老闆又怎麼能夠真的肯定A的能耐，並且寄以眾望呢？

所以，能夠發揮自己所長，輔佐上管所欠缺的能力，減輕主管的工作負擔，要得到主管的賞識，這樣的工作態度是

必須的，相信任誰遇到這樣的員工，想要不喜愛都很困難。不過，就算各位試著為公司經營發揮所長，也不一定能夠被老闆看到自己的表現。

以A的例子來說，若A努力推銷，最後也只能夠多推銷了1,000元的金額，雖然員工的立場會認為不無小補，但是就主管而言，整體目標仍然無法達到，而且在主管心裡只是認為A推銷能力好，卻不會知道這是為了主管努力推銷來的成績，所以如何讓主管看到自己的用心，也是相當重要的關鍵。

我們公司有個幹部G文宣能力非常好，推銷能力也不遜色，所以每個月領到的推銷獎金都是名列前矛，為了要增加獎金的收入，幹部G開始會在家裡製作簡單的文宣，然後拿到公司來佈置推銷。

主管看到店鋪裡貼著各式的推銷文宣，心裡對幹部G下班後還為公司著想，製作文宣海報提高銷售量的舉動非常認同，尤其在看到銷售金額的提高，直到達成目標的亮眼成效，對G的表現更是賞識有佳。

雖然G的目的不是為了公司著想，但是因為『非上班時間』構思出對公司有益處的舉動，這樣的表現就容易被主管看見，犧牲一點下班時間付出自己的專長，就能夠讓老闆發現到自己的用心，也可以快速獲得老闆的賞識。

除了幹部G以外，大紅人L也是利用『非上班時間』的犧牲，讓主管看見他把公司放在心裡的用心。

大紅人L本身的能力就非常好，但是在主管眼裡頂多就是能力很好的部屬，印象雖然深刻卻沒有到賞識的地步，而L之所以到最後可以成為主管身邊的大紅人，就是因為他表現出為公司著想的舉動，才一舉獲得主管的歡心。

L每天下班後，都會花點時間觀看公司郵件，知道最近公司的政策方向和重心，就算是放假的時候，也一樣會每天來到公司報到，即使下了班還不忘公司，就是這樣的舉動引起主管注意。

隨時掌握公司的經營重點，知道現在公司的主打商品是什麼、部門的銷售成績和營收如何等等資訊，然後根據這些重點做表現，自然可以輕易地直中紅心，得到主管的認同和賞識。

若是工作時間執行工作，就是盡職責的一個應有表現。但是若運用非上班時間執行工作，就會被認為是個為公司著想的優秀員工。同樣是為公司著想，可是犧牲一點下班時間，就可以讓這點付出被老闆看見，這就是普通職員和受賞識者的差別。

不要只會裝表面功夫，得具有真材實料

員工在老闆面前的表現很多時候都是表面功夫，但是老闆要看的不是表演，而是真材實料的工作表現。

　　對於基層人員來說，要在老闆面前搏得好表現很簡單，但是對主管來說，除了自身的表現以外，同時管理的部屬也要表現得好，才能夠在老闆的面前搏得好印象。

　　但是，嚴以律己或許不是問題，要嚴以待人可不是一件簡單的事，工作雖然是件需要謹慎的事，但是連一點放鬆的空間都沒有，甚至是半點都失誤都不能有，這樣未免也太累了，長久下去不只會失去員工的向心力，求好心切的結果恐怕會更加糟糕。

所以，除非是在老闆身邊工作，不然從平常進行高度的嚴格管理，只為了老闆偶爾的巡視或露臉，卻搞得自己和部屬的工作負擔劇增，實在是不太符合報酬原理，倒不如要求關鍵時刻的表面功夫，不但擁有同樣的效果，平時工作也能夠放鬆許多。

老闆所要管理的範圍和人數很多，別說是認識所有的部屬了，有的甚至連見面都見不著，這樣的情形在連鎖企業更是稀鬆平常的事，所以對於員工的表現，往往是藉由業績、出紕漏的次數和嚴重性、以及高層主管的印象來做為評斷。

雖然老闆的工作繁忙，但有的時候也會趁著工作空檔或是因為路過等其他原因進行實地勘查，員工如何怎麼利用這短短的時間內做好表面功夫，就是關鍵所在了，雖然老闆的巡視是為了找出經營和管理的狀況，不是來看表面功夫的，但是由於主管的求表現，卻淪落了標準作業流程的示範表演。因應職場上發生的狀況和問題，公司的規定只會愈來愈嚴格，限制也會愈來愈多，

就連主管也不能保證自己能夠全方面地將工作顧及好，尤其在工作一多一忙時，根本無暇顧及到一些細節，為了提高效率，有些不重要的步驟或是細節就會被忽略，不只是我們主管而已，其實其他分店的主管也早就這麼做了，因為這是在所難免的過程。

比方說：

公司規定辦公室要隨時保持清潔整齊，但面對繁瑣的工作資料，有誰有那個美國時間隨時整理好桌面，常常都得要等到工作空檔或是下班時，才能夠有辦法將桌面收拾整齊。

若是平時就堅持桌面隨時保持整齊的標準，那麼大家就隨時為了不必要的細節工作而浪費時間，因此降低工作效率的話，不管表現地再好，也不可能得到老闆的賞識和注意。

能不能獲得老闆賞識，為主管搏得面子和掌聲，也同時關係到員工在主管眼中的印象好壞，所以不僅是主管需要好好表現，這個時候也是員工表現自己的好機會。不過相反的，若是不能在老闆面前有個好表現的話，接下來要面對的就將是主管的刁難和厭惡了。

裝表面功夫最怕的就是突襲勘查，一突襲可以揭曉每個人真正的工作表現，這是高層真正目的，不過主管並不這麼想，他們要的只是在老闆面前求表現，員工平時表現是否標準根本就不重要，為了不讓部屬出糗，影響到自己的表現，主管也是用盡各種人脈獲取情報，來破解突襲的殺傷力。

公司經理對於服務事業相當重視，除了會派稽核人員不定期稽核外，更常常一時興起地來個『微服出巡』，雖然突

擊檢查才能夠看出員工真正的平時表現，但是為了維護自己的工作表現，常常這些稽核人員和經理前腳一走，高層的通報郵件和電話就已經傳達到每個分店。

每次一接獲高層巡視的通報，主管就會立刻趕來前場巡視環境，並且提醒員工做好服務流程，若當天的基層人員都是熟手，自然就沒有什麼好擔心的，但若是其中有名新進人員，主管就會指派對方進去辦公室看一堆工作資料，避免在高層面前丟了面子。

或許各位會想說，新進人員不清楚工作流程，無法做出標準的表現是人之常情，的確，不管是誰都會這麼想，但是就算老闆可以體諒對方新手的生疏，不過一百分的肯定難免會因為這個小缺失而扣了幾分，對抓緊機會求表現的主管來說是非常可惜的一點。

員工平時表現可以日後慢慢觀察慢慢訓練，但獲取老闆賞識的機會可說是少之又少，能不能把握住難得的機會，這才是最重要的，更何況部屬的表現跟主管的表現是一體的，又有誰會揪自己的小辮子，給老闆留下管理不佳的印象。

從這些主管對於老闆巡視的謹慎應對，就可以看出主管對這個機會的重視，台下十年功，完完全全就只為了這短短十分鐘的表演。所以說，擁有懂得做表面功夫的部屬在旁輔

助，主管的表現自然是如虎添翼，就連身為部屬的都能沾點光，可說是最具價值的工作態度。

但是，表面功夫如果沒有真材實料的底子撐起，遲早有一天還是會在老闆面前露了餡，就算平時的工作再怎麼繁忙，也千萬不要忘記遵守應該遵守的職責，這樣的工作態度才是員工的基礎。

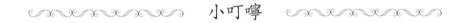

小叮嚀

表面功夫如果沒有真材實料的底子撐起，遲早有一天還是會在老闆面前露了餡。

公司資源切勿私用

> 無論是貪圖方便還是想節省開銷，公器私用
> 的結果都只會是因小失大的下場。

　　公司的公用資源是為了讓員工在進行公務時方便使用，可是有的員工或許因為一時方便，又或許是為了節省生活開銷，而將公司資源用在非公務的瑣事上，其中手機充電就是最常見的公器私用。

　　對個人來說，沒有手機是非常不方便的，但是對公司來說，公司的室內電話就可以方便員工公務上的使用，所以即使沒有手機也根本沒影響，那麼充電手機的這個動作就屬於非公務的瑣事，那麼就不能算是正當的使用。

不過，若是工作性質經常外出，比方說業務之類需要手機方便連絡的，那麼即便主管多少會有不悅，但是性質上卻是被歸類為公務上的使用，屬於正當的使用。

或許，有的人會覺得才充個電，根本不用幾個小時的時間，能夠花到幾度電，但是就管理者的立場，避免公司支出不必要的花費，也是管理的職責之一，而這些成本在營收報表中的列出，更證實主管的管理成效。

舉個例來說：

A部門的電費一直維持600元左右，可是因為智慧型手機的耗電量高，導致部屬常常利用公司資源充電，導致電費暴漲到650元，而這些支出成本列在營收報表上，電費成本的增加就會被列為一項管理不佳。

其實，大家多多少少都曾經在非公務的瑣事上用過公司資源，像是打電話叫人接送或吩咐一些非公務的重要瑣事，不過大多數人都可以節制，所以很多公司起初並不會針對一些花費成本斤斤計較。不過，只要少數人的隨意濫用，就能夠造成了成本的暴增，才會讓公司注重公器私用的現象。

我們分店裡的市內電話，一開始並沒有限制員工使用，員工除了手機沒電或是公務時使用，否則也不太會使用這支

電話，因為要從工作場所來到二樓的辦公室很不方便，所以大家普遍都是使用自己的手機。

不過，就是有人將公器私用認為是理所當然，利用公司電話跟男友談情說愛，電話費一下子暴增兩倍，這才讓主管開始尋找原因，然後禁止員工用公司電話作非公務的用途。

大多數的公司對各項花費都有一定的限制，並且都會做定期的追蹤統計，所以很多員工都以為可以公器私用到神不知鬼不覺，那就大錯特錯了，相信各位使用公司資源的目的不過就是貪一時方便，可是卻因為太多人使用、甚至過度濫用，最後只會使這項資源被節制。

就算是如我先前所提到的，因為在公務上需要而使用到公司資源，但若是使用『可以避免』的資源，即便主管不能多說什麼，但是對於這樣的行為也是會很不以為然。

很多人叫能會認為管理者很小氣，但是管理就是對方的職責，身為一個盡職的主管無論是件不起眼的小事，都得要加以管理。

不過別說是各位，即便是我或是高層本身，都有不得不使用『可以避免的資源』的時候，所以要禁止各位使用或許有些難為，但至少千萬別在主管面前使用的這點請務必遵

守，才不會讓主管看到留下不好的印象，也不會在費用超出時，被主管記在心裡又是一筆。

使用『可以避免的資源』是無心的，不過有意的公器私用就是萬萬不可有的想法，為了節省生活開銷，有很多人省錢的念頭動到公司資源上頭去，先別論這辦法是否有法律和道德上的問題，我只能說結果都只會得不償失。

有意的公器私用都是因為自己本身的貪心，即便是一點一點的累積，整個月下來所增加的花費，絕對可以很容易地看出這點，不只能夠輕易被揭穿，就連揭穿的時間點也相當地短暫。

另外，揭穿後的償還費用、這個錯誤行為的罰扣、主管日後的特別注意和壞印象、影響升遷的薪資福利差額……零零總總的損失加總起來，絕對比省下來的花費還要大上許多，相信聰明的人再怎麼算都知道這是筆因小失大的打算。

公司資源是讓員工在公務上處理方便所提供，而且是主管管理的一部份，能夠抱持著不貪圖的心態使用在工作上，讓資源可以正確的利用，才能夠使自己的職涯走得長久。

做事要舉一反三，
不要一個指令一個動作

依照老闆指令行事雖然是應該，但是若不知
變通，這樣的工作態度也是相當傷腦筋的。

在職場上，一個指令一個動作的員工是最讓人頭痛的，
雖然這樣的部屬聽話是聽話，但是不懂得彈性變通的工作能
力，是會拖累到主管的工作進度。

讓我們試想：

若主管交代一件工作，但是這項工作是自己完全沒有接
觸過或是不知該如何處理的內容時，各位是會當下詢問主管
執行辦法，還是默默地自己想辦法的摸索。

175

那麼，若主管交代你拿抹布去清理辦公室牆壁的髒污，可是怎麼擦卻擦不起來的時候，你會就這樣了事，還是去嘗試用現有的清潔劑擦洗，亦或是詢問主管狀況該怎麼處理呢？各位選擇的答案，就決定了自己是不是個能夠舉一反三的好員工。

　　我剛剛說過，身為管理者，不管管理範圍的大小多寡，只要在範圍裡面的細節瑣事都是自己的責任範圍，不管有什麼困難都要想辦法克服，即使是自己能力不可及的領域也是一樣。

　　比方：隨時維護工作環境的整潔，要怎麼做、需要什麼輔助工具都是執行前就要準備好的，理論上是這樣沒錯，不過有些工作是要實際執行以後才會發現困難和不可行之處。

　　比方說：

　　主管以為牆壁上的髒污只要用抹布就可以擦起，沒想到卻一點用處都沒有，這個時候若被指派處理的員工就此了事或直接求助於主管，無非就是無法分攤主管工作負擔，反而還增加瑣事給主管煩惱，對主管來說一點幫助都沒有。

　　雖然對於主管交代的工作要確切執行是員工職責，可是若主管交代的處理辦法有欠實際，或是根本不可行的時候，

可不要以為身為部屬就應該完全聽命於主管，所以不嘗試其他辦法或堅持主管的教導行事，不能憑著實際狀況做彈性變通，主管對於這樣的員工也只能搖頭歎息。

主管將工作指派下去，無非就是讓員工來分攤工作負擔，所以交待的工作狀況也只是用目測，然後推論出大概的情況，再藉由這個推測的狀況想出解決辦法，交給員工來幫忙處理。

當問題無法由主管交代的方法處理時，若員工沒有經過努力，就這樣直接交問題丟還給主管，主管是不是就要去花時間檢測問題，然後發現原來以為是灰塵的髒污原來是油性筆的傑作，然後再重新交代員工使用清潔劑清洗，當中的過程是不是又花了主管不少時間。

的確，在前面的章節是提過『遇到問題要發問』的觀念，不過，若是用常識就可以聯想得到的方法，卻因為員工一板一眼的工作態度而不懂去嘗試，這樣本來分工合作的美意頓時就大打折扣了。

聽命主管的命令是職場中基本知識，很多人只知道這個理論，卻不懂得工作裡隱藏著很多會因應情況而變動的細節，欠缺經驗的員工大多數都曾經向主管提問過因為不知變通而產生的問題，其中用常識就可以聯想到的問題為大多

數，幾乎公司每個人都有相同的經驗。即便明白這點，卻不是每個人都有嘗試全部可能的耐心和決心，大多數的人幾乎嘗試過幾項以後，便會氣餒地舉雙手放棄，若所有人都束手無策的問題被其中一名員工耐心找出辦法，自然主管對這名員工的看法大大不同。

比方說：

五、六月的梅雨季節是洗車淡季，洗車部的高層都認為再怎麼樣都不會有客人在下雨天洗車，所以對於公司提出增加營收的要求，大家想的辦法完全針對冬天的旺季，沒有人想過要改善梅雨季低靡的洗車量。

可是，一名高層不放棄地翻閱車輛保養的相關知識後，推出了下雨時車輛臘洗來隔絕髒雨水的理論，並且宣導員工向顧客推行，雖然全新的知識還沒有辦法有亮眼起色，不過雨天洗車數的確是有增加的傾向，提高了淡季的營收。這名高層的用心，理所當然地成為主管的注目。

不過，面對工作要懂得彈性處理，但是若非能力可以控制的範圍裡，還是請各位千萬不要輕易而為，否則非但沒有受到主管注意，反而還把問題愈弄愈大，增加主管的工作負擔，就等同於增加了讓公司無法順利運轉的因素，這樣的工作態度實在無法得到老闆的苟同。

懂得將問題
通報主管的重要性

當發生了無法處理的問題時，沒有立即通報
老闆，讓老闆處於『一問三不知』的情況，
是管理者相當忌諱的處境。

對於老闆來說，對於自己的公司發生了問題卻一無所知，就是經營管理不善的一種現象。

當然，老闆管理的範圍和人數，是無法憑一人之力就可以面面俱到的，對於公司內大大小小的消息，完完全全都要藉由部屬們一層一層地通報上來才能得知，若其中一個環節中了斷，就無法在黃金時間內獲得通報。

因為沒有獲得部屬的主動通報，老闆就得要被動地一層又一層地詢問下去，來返的時間自然又是一個耽擱。

有時若遇到無法耽擱的狀況下，就容易為了情況所需，緊急就所知的情報做出簡單的判斷，但是這個判斷的結論有可能是錯誤的，因應這個錯誤的判斷做出錯誤的解決承諾或辦法，就有可能會造成不必要的損失和殘局。

舉個例來說：

顧客因為不滿員工不願以報卡號的方式累積點數，氣沖沖地跟員工理論未果，所以決定向公司客訴，因為自己遵照公司規定的作法沒錯，員工也沒有把這件事放在心上。

隔天，顧客果真打了電話投訴，但是隱瞞了部份的事實，只說員工沒有積點數，要公司負責。偏偏該名員工放假兩天，人一直連絡不上，其他員工也不是很清楚內幕，所以無法證實事情的真相。

最後，主管為了在時間內回報，只能夠依照顧客投訴和發票時間做推論，證明顧客確實有來消費且沒有積點，老闆根據部屬的回報承諾顧客補足當天消費的積點，並且賠了一些贈品作為賠禮。

原本是依照規定行事，不用付出任何損失，卻因為員工沒有及時通報問題，導致主管做出錯誤的判斷並且損失了不該損失的賠禮和點數，造成管理者管理上的疏失，這是非常忌諱的。

　　遇到問題即時通報的動作雖然不難，但是有很多員工卻常常弄不清楚什麼是該通報的，什麼又是不需要通報的，而使得需要主管得知的消息無法傳遞，造成處理上的延誤，這點是老闆最頭痛的。

　　前幾天假日，公司營業的洗車機器故障，因為外面的洗車設備都可以使用，所以就以完全手洗、不進入機器洗車的方式為顧客服務，由於還有其他方法可以洗車，於是公司上下沒有人主動去通報主管。

　　直到有名幹部不妥，通報主管以後，主管立即聯絡洗車維修人員，在第二天的上班日剛上班，就急忙過來處理洗車機的維修，避免了不必要的拖延。

　　就算機器的故障沒有造成無法營業的損失，但是只要出了任何的問題，都要向上通報，主管有義務確保管轄範圍內的機器和營業狀況無恙，而不是以會不會造成損失為標準，這個是各位千萬要釐清的重點。

　　無論是多小的一點問題，除非是確定處理好的故障或糾紛，否則只要有一點點的不確定性，就應該在第一時間通報給主管得知，其實各位不用擔心通報了不需通報的消息，因為這些都是主管的管理範圍之內，多知道一些瑣事總比什麼都不知道來得好。

通報時間也是員工通報上所顧慮的一點，現在24小時營業的商店或工廠相當普遍，但是卻沒有三班制的主管坐鎮，所以，除非是極其緊急的大事，否則在晚上的時間點通報的確不是很適合，可是沒有馬上通報的情況下，容易因為工作上的其他公務瑣事給遺忘，這也是員工們沒有及時通報的主要原因之一。

　　作者我的記性一向不好，所以經常發生忘了通報主管的情況發生，因此針對這點，各位可以考慮採取用紙條留言或者是用LINE的方式通傳，這樣就可以不用顧慮通報時間上的問題，而且立刻留言通報的話，也可以避免因為忘記而錯過通報。

　　在職場上，『不知者』不是無罪，而是極不應該，管理者應該得掌握住職權範圍裡的所有動靜，才能夠做出準確有效率的管理，而這些全都得仰賴部屬們的對於問題的及時通報，這是相當重要的，所以若員工沒有通報問題的認知，這樣的工作態度就不能夠成為老闆工作上的一大助力了。

Postscript
後記

Postscript 後記

　　各位看完本書後就會發現，自己對於老闆在乎的工作態度其實略知一二，只是就自己的立場無法苟同，比方說要具備隨傳隨到的高配合度，或者是無法抓到這個工作態度應有的重點，遵守SOP的流程和簡化工作之間的關鍵，在老闆和員工之間的立場如何抓到平衡點，可以做到讓老闆賞識，又不至於讓自己為難的工作表現，相信書中的經驗多少能夠為大家帶來一點領悟。

　　或許書中大多數所採取的例子和觀念比較趨於主管所在乎的工作態度，但是各位別忘記了，主管是代替老闆管理整個公司上下經營，因為主管的感受是隨著公司能否順利運轉而起伏，自然跟老闆的感受息息相關。

各位想知道老闆在乎的工作態度，無非就是希望能夠知己知彼，做出真正能受到注目的關鍵表現，但是如何讓最高層的老闆知道下層員工的表現和才能，是得經由主管的賞識一層一層向上推薦，所以若本身的工作態度無法獲得主管賞識，就等同被老師打了不及格的成績，換作是校長來打分數也不會變成合格。

　　在這裡，無論如何還是老話一句，理論沒有付諸行動終究只是理論，這些職場經驗都是需要嘗試面對過才能夠有所成長，希望各位讀者都能夠試著跨出一步，能夠在長遠的職場生涯中順遂成長，共勉之！

喝出人體自癒力，
體驗不老的逆齡奇蹟！

定價 250元

定價 300元

《超神奇！喚醒自癒力的牛初乳》

孫崇發 博士 編著

牛初乳是什麼？
它是乳牛生產後**72**小時內所分泌的乳汁。
它富含許多調節免疫系統的營養因子，
其營養價值極高。

鼻子過敏、紅斑性狼瘡、慢性疾病，有救了。
化病痛為免疫的牛初乳，
讓你喝出百毒不侵的身體！

《逆齡肌！50道不老奇蹟漢方》

臺灣樂氏同仁堂有限公司**樂覺心** 編著

橫跨兩岸三地、
超過千萬人DIY實證減齡、抗衰漢方
外敷浴、內服飲，照著做，
青春不老、身材姣好！

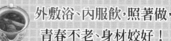

輕鬆甩掉大嬸味，
還你無齡亮顏感、
美魔S曲線！

行銷總代理 采舍國際 　 活泉書坊

打造新健康饗宴！
養生絕學，生活新法，盡在活泉！

0到3歲, 用遊戲教出棒小孩

定價NT250元

解決上班族爸媽與孩子遊戲的教養書

*豐富有趣的親子遊戲

本書收集最豐富、最有趣、最有人氣的智能開發遊戲，讓寶寶從0~3歲開始訓練腦力、活動力和溝通力，在「玩樂」中培養高IQ和高EQ！

*0-3歲的黃金年齡

本書以0-3歲的寶寶年齡為主軸，針對各個時期的發展特徵，精心設計各種遊戲，並教爸媽們正確評估寶寶大腦發展，讓爸媽可以清楚發現寶寶在大腦發展上的進步和優點。

*陪孩子快樂成長

充滿親情快樂的遊戲過程，不僅能為孩子培養起受益一生的學習習慣，還可以拉近親子距離，讓父母學會為自己的寶寶設計出一套促進全面開發智力、最有效的日常訓練計畫，幫助寶寶健康成長。